岸見一郎
Kishimi Ichiro

筑摩選書

# 生きづらさからの脱却

## アドラーに学ぶ

生きづらさからの脱却　目次

持つ／失敗をする勇気／不完全である勇気／普通であることの勇気／誤っていることを認める勇気／他者を信頼しよう／信頼できない時／信頼が裏切られる時／なぜ信頼は必要か／信頼を築く／信頼して語る／よい意図を見よう／課題を分離する／自分で決めよう／依存と自立／空気を読まない／理解してもらえる努力を／人目から解放されよう／他者はそれほど注目していない／〈なぜ〉人目を気にするのか／共同体の中心にいるのではない／相手を避けるための思い込み／人目より大切なもの／あらゆる人とは仲良くなれない／過去から自由になろう

第八章　即事的に生きる　221

生きることは苦しみである／過酷な現実を前にして／運命／人はどんな状況においても自由でいられる／今ここを生きる／自分をよく見せようとしない／自分や他者について理想を見ない／何かの実現を待たない／キーネーシスとエネルゲイア／今ここでの幸福／エネルゲイアとしての生／真剣に生きる／トロイメルであれ／導きの星としての理想／楽観主義／悲観主義／二匹の蛙／人生の課題から逃げない／自分が自分の運命の主人

# 生きづらさからの脱却

## アドラーに学ぶ

# はじめに

　これから先四十年も同じ生活をするのは苦しいと自殺を試みた若者がいた。一年後のことですら何が起こるか予想できない今の世の中で、あと四十年今と同じ生活が続くと思えることに私は驚く。

　おそらくは、現状に何か格別の不満があったわけではないだろう。毎日の生活が本当に苦しければ悩む余裕すらないともいえる。さりとて、今の生活に十分満足していたわけでもなかったであろう。常に何かしら満たされない思いがあって、その思いとともに今後も同じ生活が続くことに漠然とした不安を感じたのかもしれない。

　この先の人生が何となく見えているような気がしている人も、実際、人生がその通りになるとは限らない。高学歴で一流といわれる企業に就職していても安閑としてはいられない。競争社会においては、たとえ今は勝ちを収めていると思っていても、今後も常に勝ち続けていなければならないからである。ライバルの出現を恐れ、いつ何時、競争社会の落伍者になるかもしれないと思って生き続ける勝者は本当の意味での勝者とはいえない。しかし、勝つとはどういうことなのか。そもそも勝たなければならないものなのか。

これからの人生に漠然と不安をいだいている人とは違って、まさに今差し迫って生きづらいと強く感じている人がいる。うつろな目をして「またやってしまった」とリストカットした腕を見せにくる若者もいる。彼らは自らを傷つけ痛みを感じることによってしか生を実感できない。やがてリストカットにとどまらず、死にたいと強く願うようになる。

子どもへの虐待をやめられない人がいる。多くの場合、自分も親から虐待を受けて育った人は、親からどんなにひどい目に遭わされても、親は自分を愛していてくれたはずだと思いたいので、自分が親になった時に、親がかつて自分にしたのと同じことを自分の子どもにする。その上で、なお子どもを愛することができれば、親が自分を愛していたことを確信できると思う。子どもを愛していないのではない。むしろ、誰よりも子どもを愛しているがゆえに子どもに手をかけてしまう。子どもが自分のいうことを聞かないからといって罵声を浴びせかける親とは次元の違う苦しみである。

以上あげた人たちとは違う意味で生きづらいと感じる人もいる。「人は努力している限り迷うものだ」というゲーテの言葉がある。この世の理不尽さや不正に憤りを覚え、夢と理想を掲げて真摯に生きていく決心をした人にとっては、初めから人生を諦めてかかっている人とは違って、迷いも悩みもつきることはない。このような人にとって、生きることは困難なものにならざるをえない。

そのような人の前に、現実の厳しさを説き、「現実的であれ」という世慣れた人たちが立ちはだかる。ところが、そのようにいわれても何もいい返せない。やがて、自らもいわば現実の洗礼を受けることになった若者は、かつて掲げていた理想を取り下げ、現実の中に埋没してしまう。

つらい目に遭っていながら幸福だと思おうとしたり、この人生は思いのままになると嘯《うそぶ》いたりする人がいる。やがて見るように、人は一人では生きられないので、対人関係の中に否が応でも入っていかなければならないが、その対人関係が悩みの源泉であれば生きることが苦しみであるといってもいいくらいである。

ある日、一人の青年がやってきた。彼は人との関わりを避けて十年以上も家にひきこもっていた。

「誰も自分の人生を代わってくれないことがわかりました。これからどう生きていったらいいかを相談したいと思ってきました」

これまでどんな人生を生きてきたかは今の、そしてこれからの人生を決定しない。どう生きればいいかを自分の問題として考え始めた青年と私は何度も話をした。もとよりどう生きればいいかというような問いには自動販売機からジュースが出てくるように答えることはできないが、真摯に人生を生きようとするのであれば必ず向き合わなければならない問いである。

本書において私は、まず生きづらさの正体を目的論の見地から明らかにすることから始め、どうすれば生きづらさから脱却できるかを具体的に明らかにすることを試みた。その際、私がもっぱら依拠するのは、オーストリアの精神科医であるアルフレッド・アドラー（一八七〇—一九三七）が創始した個人心理学（Individualpsychologie, individual psychology）、日本では創始者の名前を冠して「アドラー心理学」と呼ばれる心理学である。アドラーは、フロイトのウィーン精神分析協会の中核メンバーとして活躍していたが、後に学説上の対立、とりわけ今しがた言及した目的論に立ち、過去が今、これからの人生を決定しない、また、人間を意識と無意識などに分割しないと考える点で（individualは「分割できない」が原義）フロイトと袂《たもと》を分かつことになった。

アドラー心理学は常識へのアンチテーゼであり、既成の価値観、無意識に受け入れられている文化の自明性にも批判的な立場を貫くので、その主張を理解し実践することに抵抗する人は多いが、本書が生きづらさから脱却し、幸福に生きるための手がかりになればと思う。

# 第一章
# 生きづらさの正体

アドラーの著作には、重荷を担い、そのあまりの重さに身をかがめ、よろめくイメージが多く語られている。生きづらいと感じている人は自分が途方もない重荷を担って生きていると思っている。しかし、そのようであっても、また実際によろけることはあっても、歩を進め踊ることもできるとアドラーはいう。本章では、生きづらさの正体を突き止めるためにどこに目を向ければいいかを考えてみたい。

アドラーはこのようなイメージによって、生きづらさに対して常識とは大いに違った光を当てている。それは深刻に悩んでいたり生きづらいと感じていたりしている人には諧謔《かいぎゃく》を弄《ろう》しているように思えるかもしれないが、生きづらさを訴える人の欺瞞まで見透かそうとするアドラーの真意は少しずつ明らかになるだろう。

# 怪力男

ミュージックホールの舞台で「怪力男」がバーベルを持ち上げる。その男はさも大変そうに持ち上げる。観客が拍手喝采する中、子どもが舞台に入ってくる。そして、その男が今し方持ち上げたバーベルを片手でひょいと持ち去っていく。こうしていんちきが暴かれる。

アドラーは、このように実際には軽いバーベルを仰々しく持ち上げることで人を欺き、過度な負担がかかっているように見せることに熟達している神経症者が多いという。やがて神経症や神経症的ライフスタイルについて、それがどういうものかを見ていくことになるが、勇気をくじかれ、自分が取り組む課題を解決する力がないと思っている人は多い。

しばらく会社を休職していた人がいた。次第に元気を取り戻してきたある日、会社の同僚の訪問を受けた。

「元気そうじゃないか？　どこが病気なんだ」

彼はその日を境に胸の痛みと不安を訴えるようになった。

「こんなのは初めてなんです」

そういう彼はこんなに不安だからまだ仕事に復帰するわけにはいかないと考えた。まわりの人も、不安を訴える人を働かせるわけにはいかないと考えたであろう。胸の痛みや不安がこの人のバーベルである。バーベルの重さに彼はよろける。しかし、バーベルは実際には重くはない、軽いのだとアドラーはいう。こんなことを私がいえば、彼は困惑するか、怒り出したであろう。

アドラーは神経症者をギリシア神話に出てくる巨人神であるアトラスに喩えている。アトラスはオリンポスの神々との戦いに敗れ、罰としてゼウスによって世界の西の果てで天空を背負う役目を課せられた。アドラーは、神経症者は、この肩に世界を担ぐアトラスのように重荷を担ってよろめくことはあっても、実はダンスをすることができるという。

神経症者が重荷に喘《あえ》いでいるのは本当である。「絶え間なく疲れているかもしれないし、時には大汗をかく。何をしても疲れ、しばしば心悸亢進がする。いつもうつ状態なので、他者に熱心に世話されることを要求し、それでいていつも不満に感じている」(『人はなぜ神経症になるのか』)。

それでも、怪力男はバーベルが重くないことはもちろん自分でも知っているのであり、他者にもそのことは見透かされている。それなのに、一体、なぜそんなことをするのか。

## カッサンドラの叫び

世界を「嘆きの谷」と見ようとし、いつも苦しんでいる人がいる。アドラーはそのような人は「途方もない重荷を担って人生を歩もうと不断に努力する」といっている(『性格の心理学』)。些細な困難をも誇張し、将来についても悲観的にしか見ない。身のまわりで喜ばしいことが起こると不安になり、どんな対人関係にも「影の面」を持ち込む。

「嘆きの谷」という言葉はもともと旧約聖書の『詩編』に出てくる。エルサレムに巡礼する人は乾燥のために枯れて荒れ果てた谷底の道を歩んでいかなければならなかった。このような人が世界を「嘆きの谷」と見ようとするというのはどういう意味なのか。ただし、アドラーの解釈とは違って、『詩編』では、神によって勇気を出し、心に広い道を見ている人は「嘆きの谷を通る時にも、そこを泉とするだろう」といわれている。生きている限り、「嘆きの谷」を避けて通ることはできないが、勇気のある人はそれを「泉」と見るのである。

ところが、この世界を嘆きの谷と見て、どんな喜べる機会にも「カッサンドラの叫び」しかあげない人がいるとアドラーはいう。ギリシア神話に登場するカッサンドラはアポロンに愛された。アポロンはカッサンドラの愛を得るために彼女に予言の能力を与えた。しかし、カッサンドラはアポロンの求愛を断った。そのため、アポロンは誰も彼女の予言を信じないようにしてしまった。カッサンドラはトロイアの滅亡を予言したが、その予言は無視された。

アドラーが、この世界を嘆きの谷と見て「カッサンドラの叫びしかあげない」というのは、不吉なことしかいわないという意味である。カッサンドラがトロイアの滅亡を予言し、トロイアの木馬が破滅への道に通じることを警告したのはたしかに不吉なことをいったわけだが、トロイアの滅亡を望んでいたのではない。

ヘブライの預言者たちが災いを予言すると、それを聞いた人々は行いを改めた。その結果、彼らが予言した災いは起こらなかったので、無用な予言をしたと嘲笑されることになった。彼らは、これから起こることを予め語るという意味での「予言者」というよりも、人の行いを正すために神の言葉を「預かる」という意味での「預言者」だったのである。

これに対して、「途方もない重荷を担って人生を歩もうと努力する人」が不吉なことしかいわないのは、カッサンドラとも旧約聖書の預言者たちとも違う。どう違うかはこれから見ていくことになるが、このような人は、自分だけでなく他の人についても悲観的であり、この世界が「嘆きの谷」であることを望んでいるように見える。

## あえて重荷を

不運な目に一度も遭わないという人はないが、あたかも不吉な神が自分だけにとりついているかのように行動したり、嵐の日に雷は自分だけを狙っているに違いないと思ったりする人がいる。そのような人は「人生の困難に遭うと、いつもあたかも不幸が自分を選び出すかのような印象を持つ」(『性格の心理学』)

彼らは怖い目に遭うことを怖れ、家の中から外に出て行こうとしない。家の中にいても強盗が自分の家に押し入ったり、飛行機が家に向けて墜落してきたりするのではないかという不安に怯えたりする。

「このような誇張ができるのは、自分を何らかの仕方で出来事の中心であると見なす人だけであり、強い虚栄心に満たされているのである」(前掲書)

自分がどれほど大変な目に遭ったかとまわりの人に吹聴するが、致命的な損害を被ってはいない。嵐の日に雷が自分だけを狙っていると思うが、実際に雷に打たれることはないと考えているか、怖い目に遭っても自分だけは助かると思っているのである。彼らが自分が出来事の中心であると見なしているということがどういう意味なのか、虚栄心に満たされているということがどういう意味なのかは後に考察する。

「彼らの気分はしばしば外面的な行為に表される。憂鬱そうに、いつも少し身をかがめて歩くが、どんなに途方もない重荷を担っているかを見過ごされないためであるかのようである。はからずも一生涯重い荷物を担わなければならないカリアティードを思い出させる。彼〔女〕らはすべてを過剰に深刻に受け止め、悲観的なまなざしで判断する。このような気分でいるので、何かに着手してもいつもすぐにどこかうまくいかないこと、自分自身の人生のみならず、他者の人生をも苦いものにする不運な人であることの説明がつく。そして、ここにも背後にあるのは、虚栄心に他ならない」（前掲書）

ここでも重荷を担うイメージが語られている。カリアティードとは、古代ギリシア建築の梁を支える女神像である。不運であり、着手することがうまくいかないことを苦しんでいるが、すべてを「過剰に深刻に」受け止め、「途方もない重荷を担っている」ことをまわりの人に認めてもらわないと気がすまない人をイメージしている。

## 前かがみ

アドラーは、第一次世界大戦時、陸軍病院に勤務していた。そこに入院している神経症の兵士が退院した後、再び兵役につけるかどうか判断することがアドラーに課せられた仕事だった。兵役につけるという判断をするということは、兵士が再び前線に送られることを意味する。アドラーにとってこのような診断を下さなければならないことは大変な苦しみだった。

ある若者がやってきて、兵役から解放してくれるように、とアドラーに頼んだ。彼は身をかがめて部屋の中を歩き回った。診断の結果、彼の訴えには根拠がないことが明らかになった。アドラーは患者について陸軍病院の責任者に報告書を提出しなければならなかった。その責任者が最終決定をしていた。

若者が退院する日、アドラーは彼に目下の状態は兵役から解放できるようなものではないことを告げた。すると、それまで身をかがめていたのに、突然まっすぐに背を伸ばし、自分を兵役から解放してくれるよう懇願した。自分は苦学生で、その上、年老いた両親を養わなければならない。自分が解放されなければ、家族全体が死ぬことになる、と説明した（『教育困難な子どもたち』）。

アドラーはこの若者と話した夜、夢を見た。これがどんな夢だったかは後に見るが、この若者が最初兵役から解放してくれるように訴えた時には身をかがめていたのに、アドラーがその願いが叶わないことを告げると、突然、背を伸ばしたことが私の注意を引く。

アドラーは、真っ直ぐに立っている人、特にこの姿勢を取るのにあまりに力を入れすぎているように見える人に、優越コンプレックスを見ることができるという（『個人心理学講義』）。実際よりも自分が勇気があるように強く見せたいのである。

他方、いつもかがんでいるように見える人は真っ直ぐに立っている人とは逆に、勇気がなく自分を弱く見せたいのである。そのように見える人はいつも臆病である。このような姿勢を取るのは重荷を背負っているからである。しかしミュージックホールの怪力男が担いだバーベルのように、荷は実は重くはないことが明らかになる。

## 不運の連続

アドラーは「人間の悩みは対人関係の悩みである」という(『個人心理学講義』)。職場での対人関係に悩んでいる人、友人がほとんどいないか、いても友人と付き合うことを苦痛だと思う人、結婚しているパートナーとの関係がうまくいっていない人など、何らかの形で対人関係で悩む人は多い。

「そのような人は、人生において自分自身によって課せられた限界と制限から、生きていることを、好機がほとんどなく失敗ばかりの困難で危険なことと見ている」とアドラーはいう(『人生の意味の心理学(上)』)。

ここでアドラーが「人生において自分自身によって課せられた限界と制限」といっていることに注意したい。限界や制限が「自分自身によって」課せられるとは一体どういう意味なのか。また、彼らの行動範囲は狭いが、それは「人生は、危害に対して、バリケードで自分を守り、無傷で逃れることによって自分自身を守ることである」という意味である、とアドラーは考える（前掲書）。バリケードで自分を守り、無傷で逃れるとはどういう意味なのか。

うつ状態の人は自分にいう。「私はこれまでの人生ずっと不幸だった」。そして、不幸な運命の例と解釈できる出来事だけを（回想の中から）選び出すのである（前掲書）。

先に見た自分自身が限界と制限を課すということと同様に、ここでは過去の出来事について、自分の運命が不幸だったことだけを選び出すという。

## 困難を探す

このようにあえて重荷を担い、今も過去も自分の人生が困難なものであったことの証拠を見つけ出そうとしているように見える人はなぜそのようなことをするのか。アドラーは次のように説明している。

困難を探し、困難を増すことを仕事にしているように見える人がいる。他の人がその重荷を考慮に入れ、多くのことを自分に期待しないようにすることが目的である。そのような人は何もしないわけではない。何かに着手はするが、担っている重荷のために「勝ち取る成功はどんなものでも、この広く吹聴されたハンディキャップのためにいっそう大きなものになるので、非常に有利で手放せないものになる」（『人はなぜ神経症になるのか』）。

まっとうに努力して思うような成果を出せない時のために予防線を張るようなことをしている

のである。「広く吹聴されたハンディキャップ」が大きければ大きいほどうまくいかなかった時にそのことのせいにできる。成功すれば格別の努力をしていなくても賞賛してもらえる。困難があればその困難によって、「他の人よりは緩やかな基準によって判断されるという特権的な人生を送る可能性を手に入れることになる」（前掲書）。しかし、そのことの代価を神経症で支払っているのである。

不運が次々に続き、人生は重荷を背負って歩むような困難なもので、生きづらいと感じている人がいても、客観的に人生がそのようなものであるというわけではなさそうである。

他の人が重荷を考慮し、多くのことを自分に期待しないようにすることが「目的」である、とアドラーはいう。これはどういう意味なのか。それでいながら、誰からも注目されないのも困る。友人から深夜、苦しくてたまらないという電話を受けた人がいた。心配になって夜道を一時間かけて車で駆けつけた。そこにはその人から電話を受けた何人もの友人がいた。怪力男が大変そうに持ち上げたバーベルが実際には重くはなかったことを子どもが暴く時のように笑うわけにはいかないだろう。駆けつけた友人たちは困惑する。こんなことをしていたら本当に誰もいなくなる。しかし、苦しいと訴えた当の人は自分の苦しみを誰もわかってくれないと思う。

第二章

# 原因論と目的論——自由意志を救う

アドラー心理学では、行動や症状の原因ではなく目的を探る。本章では、原因論と目的論を対比し、人の行動、症状には原因があるが、多くの場合、意識されていない目的こそが人が前に向けて生きることを可能にすることを明らかにする。

過去にどんな体験をしたにせよ、そのことが今の生きづらさを決定するというようなことはないと考える。むしろ、人は自由意志によってこれからどう生きていくかを決定することができるのである。

## 真の原因

小さな子どもが突然泣き叫ぶ。いつまでたっても泣きやまない。そのような時、子どもが泣きやまない理由を子どもの性質や好き嫌いに求めてみても、さらには、遺伝までも持ち出して父親にそっくりだといってみてもいっこうに埒が明かない。フランスの哲学者、アランはいう。このような「心理学的な試み」（ces essais de psychologie）は、子どもの服の中に隠れた針が見つかるまで続く。この針こそがすべての「真の原因」（cause réelle）である、と（『幸福論』）。

針のために子どもが泣いていたのであれば、針による痛み（原因）と泣くこと（結果）との間の因果関係はストレートであり、原因を取り除きさえすれば、大抵の子どもはたちどころに泣きやんだだろう。

しかし、針を取り除けば解決するような問題ばかりではない。身体の痛みの多くは、検査をすれば容易に原因を特定することができるが、神経症の場合はそれほど簡単ではない。神経症のことでカウンセリングにきた人は、いつからその症状が起きるようになったかたずねられると、何か発症のきっかけになった出来事を答える。それが神経症の原因だと考えるからである。しかし、過去の出来事が神経症の原因であれば、過去に戻ることはできない以上原因を取り除くことはできず、したがって神経症は治癒しないことになる。しかも、子どもに痛みを与える針とは違って、過去の経験と今の問題との間には因果関係があるとはいえない。同じことを経験しても、人が皆同じようになるわけではないからである。

教師や親は子どもに問題行動がある時、遺伝、生育歴、家庭環境などに原因があると見がちである。たとえそれらが子どもの問題行動を正しく解明しているとしても、それは現状を説明するだけであって、現状を変えることはいささかもできない。

過去に経験したことを「真の原因」であると見たり、問題を事後的に説明したりすることは、心理学の主題ではない。必要なことは「真の原因」を探すことである。しかし、探求の方向性を誤れば、心理学は無効なものになる。

トラウマ（心の傷）となるような体験の影響の跡をたどるというようなこと、また、遺伝された能力を吟味するというようなことは、生理学や生物学の主題であっても、心理学の主題ではない。何が心理学の主題であり、何が泣く子どもにとっての「針」に相当する「真の原因」なのか。子どもが泣きやまない時は、そのことの原因として針を探り当てるだけで事足りた。しかし、人の言動について、その本当の原因を知ることは簡単ではない。

## ソクラテスのパラドクス

ソクラテスのパラドクスとして知られる「誰一人として悪を欲する人はいない」（プラトン『メノン』）といわれる命題がある。これに対しては、不正を働く人はどうか、殺人者はどうか、悪を欲する人だっているはずではないかという反論がすぐに出てくる。正義を行っている人でも、それを心ならず行っているのであり、本心から正義の人ではないかもしれない。もしも誰にも知られることなく不正を行う機会が与えられれば、不正を犯すかもしれないと考えられるからである。

リュディアの人、羊飼いのギュゲスの指輪の話がある（プラトン『国家』）。大雨が降り地震が起こり、大地の一部が裂けてぽっかりと穴が開いた。ギュゲスはこの穴に入っていき、中に屍体らしきものを見つけた。それは何も身につけていなかったが、ただ指に黄金の指輪をはめていた。ギュゲスはこの指輪を抜き取って穴の外に出た。

やがてギュゲスはこの指輪の玉受けを自分の手の内側に向けると自分の姿が消えることに気がついた。外側に回すと再び姿が見えた。ギュゲスはこれを知ると、仕えていたリュディアの妃と通じ、その後、妃と共謀して王を襲い殺してしまった。こうして王権をわがものにした。

この話を語るグラウコンは、このような指輪をしていながら、なお正義のうちにとどまって、あくまでも他の人のものに手をつけずにいるような鋼鉄のように志操堅固な者など一人もいないと思えるだろう、という。このようなケースを考えると、「誰一人として悪を欲する人はいない」とはいえないと考えられる。

しかし、一体悪を悪と知りながら悪を欲する人がいるのだろうか。害になることを知っていたら、悪を欲したりはしないだろう。悪を欲しているのではなく、自分のためになると思って求めたものが、実際には悪、つまり自分のためにならないものであったというだけのことである。「誰一人として悪を欲する人はいない」は、何人も善を欲しているということである。善は「自分のためになる」という意味なので、「誰一人悪を欲する人はいない」ということの意味は、誰も自分のためにならないことを望んだりはしない、自分のためになることを欲しているということである。これはあまりに当たり前の事実を語っているだけであり、パラドクスとすらいえないことになる。この何が善であるかという判断を人は誤るが、善を求めていることは動かない。

## すべての人は幸福を欲する

害を受ける人は害を受けている限りにおいて難儀する。ソクラテスは難儀をする人は不幸であるといいかえ、難儀な目に遭い、不幸になることを望む人はいないという（プラトン『メノン』）。不幸になることを望まないということは「すべての人は幸福であることを望む」（プラトン『エウテュデモス』）ということである。

ところが「すべての人は幸福であることを望む」という考えは現代においては否定されることがある。幸福なんかになるものか、と思っている人がいる。そのような人は幸福という言葉を口にするのも恥ずかしいと思う。今のこの時代、何が起こるかわからない。名のある企業がつぶれる。よい学校にいってよい会社に入っても、必ず幸福な人生が送れるわけではない。災害や事故で一瞬にしてあらゆるものが失われる。

それでは、こんな時代には人は幸福になれないのか。幸福なんかになるものかといい放つ人は、通俗の意味での幸福には魅力を感じないということである。誰も不幸であることを望んでいない。幸福でありたいと思う。それにもかかわらず、事実として人は幸福ではなく不幸であるとすればなぜなのか。

一国の独裁者は強大な力を持ち、自分にとって善と思えることを何でもしているように見えるけれども、本当に望んでいることを何一つしていない、とソクラテスはいう（プラトン『ゴルギアス』）。独裁者は人を斬り殺したり、国家から追放したり、財産を没収したりというようなことを自分にとって益になるのならするが、害になるのなら望まないだろう。実際には自分のためにならない場合も、たしかに自分の思う通りのことをしているが、自分が望んでいることをしていることにはならないことになる。

善を願っていても、何が善であるのか、何が幸福であるかについては人によって考えは違う。善＝幸福であるための手段の選択を誤るということである。善であると判断したことが実は善ではなかったということはよくあることである。人が不幸であるとすれば、何が善であるかという判断の誤りである。

## プラトンとアリストテレスの「原因」論

ソクラテスは青年に害を与えたという理由で死刑判決を受け、刑の執行まで獄に留まっていた。当時は死刑判決を受けても海外に逃亡することはめずらしいことではなかった。弟子たちは脱獄を勧めたが、ソクラテスは逃亡するという選択をしなかった。そのことを腱の伸縮によって足を折り曲げることができ、まさにこの原因によってここでこうしてすわっているというような説明にソクラテスは満足しない。たしかに、骨の構造や腱の収縮などの身体的な条件が備わっていなければ、獄に留まることはできないかもしれない。しかし、身体的な条件はあくまでも「副原因」(synaition, sine qua non)であって、「それなしには」原因も原因として働くことのできる「ない」必要条件であっても、「真の原因」ではない(プラトン『パイドン』)。「真の原因」は「善」、即ち、獄に留まることをアテナイ人が、そして、何よりもソクラテスが「善」であると判断したことであり、反対に脱獄することを「善」と判断していたら、たとえ身体的条件が同じであっても、ただちに立ち去っていただろうと考えるのである(プラトン『クリトン』)。

プラトンは「真の原因」と「副原因」を考えただけだが、アリストテレスは、彫刻を例に原因を次の四つの種類に分類している(アリストテレス『自然学』)。

まず、青銅、大理石、粘土などがなければ彫像は存在しない。この場合、青銅、大理石、粘土などは彫像の「質料因」(何からできているか)である。次に、「形相因」(何であるか)。彫刻が何を表しているかということである。彫刻家は像を刻む時に、何を作ろうとしているかというイメージを持っているだろう。原因の三つ目は「起動因」(動がそこから始まる始原)である。父親が子どもの始原であるように、彫刻家が彫刻の起動因である。

さらにアリストテレスは、これらの原因の他に「目的因」(何のために成立したか)を考える。彫刻の素材になるものは自然界にたくさんあるだろうし、作ろうとするもののアイディアを持った彫刻家はいるだろう。しかし、もしもそもその彫刻家が彫刻を作るということを望まなければ、彫刻は存在しない。何らかの目的のために、例えば、自分の楽しみのために、あるいは、売るために彫刻を作ろうとするのである。

ソクラテスが獄に留まる「真の原因」は、このアリストテレスがいう「目的因」に相当する。ソクラテスの例に即していえば、身体のあり方がソクラテスを獄に留めているのではない。「真の原因」は「善」、即ち、ここに留まっていることを「善」と判断したことであり、そのことがソクラテスの行動の「目的」になっているのである。

## アドラーの「原因」論

アドラーも行動について「なぜ」と問う時、「原因」（cause）という言葉を使う。しかし、この言葉を使う時、それは「厳密な物理学、科学的な意味での因果律」ではない、と注意している（『子どもの教育』）。何かが「原因」となって問題とされる行動が必ず起こるわけではない。アドラーは「なぜ」という問いによって、行動の「目的」を答えとして期待している。「どこから」（whence）ではなく「どこへ」（whither）を問うのである。アドラーがいう「原因」は、プラトンのいう「真の原因」、アリストテレスのいう四つの原因のうちの「目的因」である。

例えば、子どもが甘やかされているとすれば、その原因は母親であるとはいえない。たしかに母親は「起動因」であり、甘やかした母親がいなければ、母親に甘やかされた子どもはいない。しかし、それでは甘やかす母親に育てられた子どもが必ず甘やかされた子どもになるかといえばそうではない。子どもが甘やかされるとすれば、そのことを子どもが「善」である、つまり甘やかされることが自分にとって「ためになる」と判断するからである。アドラーは、各人の「創造力」（creative power、自由意志）（『個人心理学講義』）が甘やかされた子どもになる目的を創り出すと考える。甘やかされることを選択することに先行する出来事や外的な事象は「副原因」であっても「真の原因」ではないわけである。

外的な事象というのは、兄や姉に弟や妹が生まれるというようなことである。このようなことがあると、それまで何の問題もなかった兄や姉が親を手こずらせるようになることがある。アドラーはこれを「王座転落」という言葉を使って説明しているが、妹が生まれなかったら兄は問題のある子どもにならなかったかもしれないが、妹が生まれたからといって、兄が必ず問題のある子どもになるとは限らない。石は必ず一定の方向に一定のスピードで落ちるが、心理的な「下降」においては厳密な因果律は問題にならないのである（『子どもの教育』）。

アドラー心理学は「所有（何が与えられているか）の心理学」ではなく「使用（与えられたものをどう使うか）の心理学」である。人が置かれている状況がそのまま人のあり方を決定するのではない。さらに遺伝についても、何が与えられているかに注目し、自分の能力には限界があると考えてしまうことがあるが、「大切なのは何が与えられているかではなく、与えられたものをどう使うかである」（『人はなぜ神経症になるのか』）とアドラーはいっている。

## 目的論

以上見たように人が「善」を目指し、それを目的にしているという観点から行動や症状などを捉える理解の仕方を「目的論」という。

アドラーは古代ギリシア以来問題にされる目的論を教育や臨床の場面で実践的に応用している。プラトンのいう「副原因」、アリストテレスのいう目的因以外の原因である質料因、形相因、起動因をアドラーが扱わなかったわけではないが、アドラーは主たる原因として「目的」を考えたのであり、他の原因は目的に従属している、と考えた。例えば、脳や臓器の生理・生化学的な状態や変化は心身症の質料因だが、目的論の立場であれば、これがただちに症状を引き起こす（cause）というわけではない、と考えるのである（Shulman, *Essays in Schizophrenia*）。

アドラーが著作の中で引くケースは、神経症だけではなく、統合失調症やうつ病など精神疾患、また心身症も含んでいる。アドラーの時代には、脳に何らかの変化が想定される精神疾患のケースがあるという知見はなかった。アドラーの娘である精神科医、アレクサンドラ・アドラーは、父は薬物療法のことを知っていたら受け入れていたであろうし、「どんなものであれ進歩に対して常に開かれていた」といっている（Manaster et al. eds., *Alfred Adler: As We Remember Him*）。

しかし、それではアドラーが今日生きていれば薬物療法に全面的に頼ったかといえばそうではないだろう。たしかに脳に何らかの障害が起これば、身体が麻痺したり、言葉が出なくなることがある。ちょうど手を動かそうと思っても、手が麻痺していたり縛られていたりすれば手を動かすことはできないようなものである。しかし、手を動かすなどの運動の目標を決めるのはこの私である。私と脳は別物であり、私が脳を使うのであって、脳が私を使うのではない。脳は一番重要な道具ではあるが、人が行動する時にそれによって目標を決める心の起源ではなく、脳が心を支配するわけではない。

私は五十歳で心筋梗塞で倒れ生死の境を彷徨うことになったが、幸い一命を取り留めた。すぐに心臓リハビリが始まった。聞き慣れない言葉かもしれないが、いきなり動くと血管壁が破れることもあるので、少しずつ歩く距離を伸ばし元の生活を送れるようにするリハビリのことである。元気だった頃は何の苦もなく歩けたのに、病後はすぐに息切れがして歩けなくなった。それでもリハビリに励み、一歩でも二歩でも前に向かって歩くとすれば、他ならぬ私がそうすることが「善」であると判断するからであり、再び歩くという目的を達成しようとする私の意志が身体の不自由を少しでも克服することを可能にする。

神経症や精神疾患の症状についても、基本的にはこれと同じことが起こっている。今、手を動かそうとするのは、そうすることに何かの目的があるのである。空腹を感じれば、目の前にある食物に手を伸ばす。しかし、空腹を感じることがそうさせるのではない。たとえ空腹であっても、食事を制限しなければならない時は、食べないという決心をすることが可能である。投げられた石は必ず落下し、その落ちていく道筋を計算することができる。しかし、人間の行動は石の動きのように決定されたものではなく、決められた動きから逸脱することはありうる。

アドラーが依って立つ目的論では、神経症や精神疾患の症状についても、脳や臓器の生理的、生化学的な状態や変化がただちに症状を引き起こすわけではないと考える（Shulman, *Essays in*

*Schizophrenia*)。何か必要があって、症状は創り出される。この必要がそのために症状が創り出される「目的」である。症状が必要である限り、たとえ症状を薬物や催眠療法などによって除去できたとしても、必ず別の症状が起こる。例えば、偏頭痛を訴える人の場合、薬によってその頭痛がなくなっても、夜眠れなくなるかもしれない。神経症者は、一つの症状を驚くべき素早さでなくし、一瞬の躊躇もなしに、新しい症状を身につけるのである。症状は起こるというより、人が自由意志で創り出すのである（『人生の意味の心理学（上）』）。

## 感情を使う

感情もまたわれわれを支配するのではなく、感情をある目的のために使うのである。

激情、激怒、情熱を意味する英語の **passion** は「被る」（**patior**）という意味のラテン語が語源である。**passion** は受動的なもので、それに抵抗することは難しいと考えられている。しかし、「使用の心理学」といわれるアドラー心理学では、人は感情や激情に支配されるのではなく、それらを使うとされる。感情は意志によって（**at will**）現れたり、消えたりする（『人生の意味の心理学（上）』）。

喫茶店でウェイターがコーヒーをこぼし、服を汚された人が激怒するという場合、ウェイターがコーヒーをこぼしたことと服を汚された人が激怒したことにはタイムラグがほとんどないので、いかにも両者には因果関係があるように見えるが、同じような状況で服を汚された人が必ず同じように激怒するとは限らない。もしもコーヒーをこぼした人が若い美人のウェイトレスであれば、瞬時に判断して、懸命に謝るウェイトレスに「いいですよ」とにこやかにいうかもしれない。怒りは相手に要求を伝え、それを受け入れてもらうという目的のために創り出される。実際、怒りを伴って大声を出せばウェイターは客のいいなりになるかもしれない。

アランはこの章の冒頭で紹介した泣きやまない子どもの話に続いて、アレクサンドロス大王に献上された名馬ブケパラスの話を引いている。ブケパラスは、最初、どんな調教師も乗りこなすことができなかった。ありきたりの人であれば、ブケパラスをたちの悪い馬とでもいったであろうが、アレクサンドロスは「針」を探し、それを見つけた。ブケパラスが自分の影に怯えていること、怯えてはねるものだから影の方もはね、ブケパラスがいよいよ怯えることになったことに気づいたのである。アドラーであれば、ブケパラスは自分では何かわからない影から逃れるためにはねているというふうに、ブケパラスの行動の目的を見て取ったであろう。

そこで、アレクサンドロスは、ブケパラスの鼻を太陽の方に向け、その方角に向けたままにした。そうすることでブケパラスを安心させ、疲れさせることができた。ブケパラスは、自分がなぜ暴れているかがわかっていなかった。

必要なことは、人の性格を分析したり、過去にあったことを調べるというようなことではなく、ブケパラスの例でいえば自分では見えていない自分の置かれた位置やどこに向いているかを明らかにすることであったように、自分では見えていない、その意味では無意識の行動や症状の目的を明らかにすることである。そうすることだけが、問題解決のための変化を引き起こすことを可能にする。

## 自由意志を救う

目的論に対して、何かの原因によって行動や症状などを説明することを「原因論」と呼ぶ。人は目的を「創造力」（自由意志）によって創り出すとアドラーが考えていることは先に見たが、人間の行為は原因によってすべて説明し尽くされるわけではない。自由意志で行為を選択したように見えても、そのような行為も本当の原因が知り尽くされてはおらず、すべては必然の中に解消されると考えるには自由意志はあまりに自明でヴィヴィッドである。

エピクロスというプラトン、アリストテレスの時代から半世紀以上後に生きた哲学者がいる。彼は原子論者だが、自由意志を救おうとし、本来虚空間の中を必然の法則に従って直線運動をする原子が、時にわずかに進路から逸脱することがあると考えた。

エピクロスは逸脱という概念を導入することによって、本来的な原子の必然の動きの中に例外を認めたのだが、自由意志を救うために逸脱という現象を認めることは、体系としての一貫性を考えるならば破綻としかいいようがない。逸脱の概念はいわば取ってつけたものであるという感は否めない。

しかし、体系の一貫性が破綻するリスクを冒してまでもエピクロスが自由意志を逸脱という形で認めたことは興味深い。脳を含めて身体は時に人の自由を奪うが、人の自由意志は必ず原因を逸脱し、すり抜けてしまうのである。

**内発的であること**

石は下の方向以外には落ちないが、人間は行動する時、ただ一つの行動しか選べないわけではない。

「人の行動はすべて目標によって設定される。人が生き、行為し、自分の立場を見出す方法は必ず目標の設定と結びついている。一定の目標が念頭になければ、何も考えることも、着手することもできない」（『性格の心理学』）

何かの行動を起こそうとする際、目的が先行する。そして、この目的は自由意志で選択される。欲求や感情が人を後ろから押すのではない。必ず目標を定め、それに向かって行くのである。

「一本の線を引く時、目標を目にしていなければ、最後まで線を引くことはできない。欲求があるだけでは、どんな線も引くことはできない。即ち、目標を設定する前は何をすることもできないのであり、先をあらかじめ見通して初めて、道を進んでいくことができるのである」（『教育困難な子どもたち』）

線を引くためには目標を目にしていることが必要だが、そもそもこの一本の線を引くという決心、そうする「必然性」が必要である（『人間知の心理学』）。

絵を描くという決心をしなければ人は絵を描くことはない。絵は目的によって発生する。他のすべての原因がそろっていても、何のために絵を描くのかという目的がなければ画家は絵を描き始めることはない。

ここでアドラーは「必然性」(Notwendigkeit)という言葉を使っているが、石が落下するような必然ではない。自作の詩を批評してもらうべくリルケに詩を送ったフランツ・カプスにリルケは、批評を求めるようなことは今後一切やめるように、そして、「書かずにはいられない」のであれば詩を書くように、と助言した話を私は思い出す。詩を書く以上、自分の詩が人からどう評価されるかは気にかかる。自分の詩を他人の詩と比べる。詩を出版社に送り、編集者に拒絶されると不安になる。そういうことを一切やめるように、とリルケは助言するのである。

リルケは、カプスに「書かずにはいられないのか」と自分に問うように、という。そして、「書かずにはいられない」のなら、生活をこの「必然性」(Notwendigkeit)にしたがって立てなさいという。私は書かずにはいられない(Ich muß schreiben)という場合の muß の意味は、内発的に書くということである(*Briefe an einem jungen Dichter*)。

## 善としての「目的」

アドラーが創始した「個人心理学」(Individualpsychologie, individual psychology)の原語で使われる「個人(の)」(individual)は分割できないもの(individuum)という意味である。個人心理学は人間を「分割できない全体」として捉え、統一されたものと考える。そこで、心と身体、感情と理性、意識と無意識とに分けるようなあらゆる二元論に反対した。

このように人間を一元的に捉えるので、相容れない二つの欲求があって、そのどちらを選ぶべきか葛藤するということはないと考えるのである。

例えば、ダイエットのために間食をしないようにしていたが、目の前にある菓子を食べようかどうしようかと葛藤した挙句、つい食べてしまったのではない。「つい食べてしまった」とか「食欲に負けた」というふうに考えると、本当は食べたくなかったのに食べてしまったことになり、ダイエット中にもかかわらず間食したことの責任が不問にされることになる。食べてしまったその瞬間において、食べることがその人にとって「善」である（ためになる）と考えるのである。どんな判断も、その時のその人にとっては「善」である。

問題は、人が欲することはどんなことでも本当に善なのかということである。目の前にある間食を食べることは、ダイエット中の人にとっては善ではないだろう。病気のために食事を制限することが必要な人にとっては、お腹が減っているからといって、好きなだけ食べることは善ではない。それにもかかわらず、間食に手を伸ばすのは、その時点では食べることが善であると判断したからである。判断が正しくてもそうでなくても、「善」であると判断したことは必ず行動につながる。この場合、この善こそが行動の目的であると考えることができる。

その際、本当は食べてはいけないと知っているのに、食べようか、食べないでおこうかと葛藤するわけではないのである。間食をしてしまったというのは、ダイエットしているという状況にあっては間違った判断だが、間違った判断をしたのは、ダイエットをすることが善であるとは知らなかったというだけのことである。

意識と無意識についていえば、無意識は意識から離れた独立の働きではなく、気づかれていない、理解されていないだけである、とアドラーはいう。意識と無意識は一見矛盾するように見えても、「二つの同じ実体の相補的で協力的な部分」である（『人はなぜ神経症になるのか』）。

人間をこのように不可分な全体として見るということは、二つ以上の選択肢がある時、いずれを選択しようかと迷い決断できないという意味での葛藤を認めないということであり、また、心のある部分はあることをしたいと思っているが、別の部分はしたくないと思っているというような乖離はないと考えるということである。

プラトンも知っているのにできないとか、感情が人を支配するというような事態を指して、「アクラテイア」（akrateia）と呼んでいる。感情などに抵抗する「力がない」という意味である。「無抑制」とか「意志薄弱」と訳される。プラトンはアドラーと同様、このアクラテイアを認めない。例えば、ついカッとしたといわれるように感情が人を圧倒するので、その人が持っている理性や知識が力を持ち得ないというようなことはない、と考えるのである。

そうではなく、もしも人が何が善かということを真に知っていれば、感情に支配されることは決してないので、そのようなことが起こるとすれば、少なくともその時点では、感情に支配されることが善であるという判断をしていたはずなのである。即ち、もしもするべきであったのにできないというようなことがあれば、するべきであることを知っていたのにできなかったのではなく、そのことが本来するべきこと、善であることを本当には知らなかったということになる。

アドラーは、人間の行動はすべて本能によって支配されているという理論によって人から奪われることになった「尊厳」を取り戻した、とアドラーの息子である精神科医のクルト・アドラーはいう（ホフマン『アドラーの生涯』）。

本能に限らず、人間の行動は感情によって支配されない。過去に体験したことや親からどんなふうに育てられたかというようなこともこれからの人生を決定しない。それらのことが人生を決定するのであれば、これから先も何が起こるかをすべて予見できることになる。

第三章
# 劣等コンプレックス——神経症的ライフスタイルをめぐって

自分が取り組むべき課題を何らかの口実を持ち出して回避しようとする人のライフスタイルをアドラーは「神経症的ライフスタイル」という。本章では神経症的ライフスタイルがどのようなものか、それを含めてライフスタイルとは何なのかを考察する。

## ライフスタイルの意味

自分や世界の現状と理想についての信念体系をアドラー心理学では「ライフスタイル」という。ライフスタイルを構成する信念体系を次の三つに分けて考える。

まず、自己概念は、自分がどんなふうであるかについての信念である。信念なので、他の人が必ずしも納得できないことがある。実際には痩せていても太っていると思っている人もいれば、美人なのにそうでないと思っている人もいる。

次に世界像は、自分のまわりの世界がどんなふうであるかについての信念である。世界を危険な場所と見る人もいれば、安全な場所と見る人もいる。他者についても、他者は必要があれば自分を援助する用意がある仲間と思う人もいれば、うかうかしていたら自分を陥れようとする怖い敵と見る人もいる。

さらに、自己理想は、自分はどうあるべきかということである。私は優秀であるべきである、とか、私は好かれるべきだというようなものである。

このうち、人が目標を設定し、それを追求することは、自己理想に関わる。この自己理想自体が目標であるが、これは上位の目標である幸福を達成するための手段である。

自分についていえば、「私」を他の私に交換することはできない。こんな私は嫌だと思っていても、またどんなに癖があっても死ぬまでこの私は私であって他の私に換えることはできない。しかし、ライフスタイルなら変えることができる。これは喩えてみれば、パソコンやスマートフォンのOSをヴァージョンアップすることに似ている。ハードが同じでも、OSが新しくなると新しいパソコンやスマートフォンになるといっていいほどである。

先に見たライフスタイルの定義はいわば静的なものであるが、動的な定義もある。ライフスタイルは普通は「性格」と呼ばれるものと同じだが、厳密にはアドラーは次のように定義している。「性格特徴は、人の運動線が外に表れた形にすぎない」（『性格の心理学』）

ここでいう「運動線」は「ライフスタイル」とほぼ同義である。運動線というのは設定された目標に向けて人がどのように動いていくか、その道筋という意味だが、人がどんな目標を立てるのか、その目標に向かってどんな動きをしているか、目標に至る道筋は人によって違う。この個人の人生を貫く、目標に向けての特有の運動線、あるいは運動法則をアドラーは「ライフスタイル」と呼んでいる。

ライフスタイルは、それを通して自分や世界を見る眼鏡のようなものである。アドラーはこの世界をシンプルなものと見ているが、誰もがそのように見ているわけではない。複雑に見えるとしたら「神経症的な意味づけ」をしているからであり、そのような意味づけをしている人は「神経症的なライフスタイル」を持っている。それがどのような意味なのかは後述する。

## 認知バイアスとしてのライフスタイル

「子ども時代の最初の日から、この「人生の意味」を手探りで求めるということが見られる。赤ん坊でさえ、自分自身を見定め、自分のまわりの人生に与《あずか》ろうと努める。子どもは、五歳の終わりまでに、統一され結晶化された行動のパターン、問題や課題へのアプローチのスタイルを採用してきた。

子どもは、既に世界と自分自身から何を期待できるかについて、もっとも深く永続する概念を固定化している。それ以降は、世界は確立された統覚［主観的な見方］を通じて見られる。経験は、それが受け入れられる前に解釈され、その解釈は、常に子どもが人生に与えてきたもともとの意味と一致している」（『人生の意味の心理学（上）』）

　赤ん坊が、自分自身を見定め、自分のまわりの人生に与ろうと努めるというのは、例えば、大きな声で泣くことでまわりの大人に注目を得ようとすることや、後に見るが、生まれてすぐ母乳を飲むことがその例である。

「統一され結晶化された行動のパターン、問題や課題へのアプローチのスタイル」がライフスタイルである。人はいわば色眼鏡を通してこの世界を見ているのである。

　このライフスタイルを確立してからは、それを通じてしか世界を見ることはできなくなってしまう。しかも、ライフスタイルを通して、この世界を見、考え、感じ、行動していることにすら気がつかない。

「経験は、それが受け入れられる前に解釈され、その解釈は、常に子どもが人生に与えてきたもともとの意味と一致している」というのは、経験は、それ自体として誰にも同じものとして受け入れられるのではなく、必ずそれが受け入れられる前に経験する人によって解釈されるということである。解釈することなしに経験するということはない。

　その解釈が人生に与えてきた意味と一致するというのは、この人生を怖いものと見ていれば、経験はその意味づけに一致するという意味である。人生について悲観的な見方をしている人は、どんな経験をしても経験を悲観的な見方を根拠づけるような解釈をするのである。

## 意味づけされた世界

ライフスタイルは以上のようなものなので、誰もが同じ世界に生きているのではなく、自分が意味づけした世界に生きている。親はどの子どもも同じように育てたつもりであっても、子どもは親の自分に向ける注目、関心、愛が他の子どもと同じではないことにすぐに気づく。同じ家庭に生まれ育っても、違う世界に生きているといっていいくらいである。

「同じ家族の子どもたちが同じ環境の中で育つと考えるのは、よくある間違いである。もちろん、同じ家庭のすべての人にとって共通するものはたくさんある。しかし、それぞれの子どもの精神的な状況は独自なものであり、他の子どもの状況とは違っている」（『人はなぜ神経症になるのか』）

その違いは客観的なものではない。子ども時代の状況が違ったふうに解釈され、まったく反対の意味づけがされるかもしれない。二人のきょうだいがどちらも、親は自分ではなくもう一人のきょうだいを愛していたと思い込んで育つことはよくある。

## 性格

この意味でのライフスタイルが外に表れた形が「性格」である。

「性格は、人がまわりの世界、仲間、総じて、共同体と人生の課題をどのように認識しているかを伝える」（『性格の心理学』）

人は誰も他者との関係、対人関係から離れて一人で生きることはできない。この対人関係が避けることのできない「人生の課題」として人の前に現れる。その人生の課題に対してどんなふうに取り組むか、あるいは、距離を取っているかをアドラーは「性格」という言葉で理解している。そこで、ライフスタイルや、それが外に表れた形である「性格」は、決して内面的なものではなく、他者との関係の中で初めて問題になる。一人で生きているのであれば、ライフスタイル、性格は問題にならないということである。

## 社会的概念

アドラーは、ダニエル・デフォーの小説の主人公であるロビンソン・クルーソーを例にあげている（『性格の心理学』）。ロビンソン・クルーソーは船が難破し、無人島で暮らすことを余儀なくされた。彼のライフスタイル、彼がどんな性格かは無人島で一人で暮らし始めた時には問題にならなかった。クルーソーのライフスタイルは、フライデーに出会って初めて対人関係の中で問題になったのである。

「性格」は社会的概念である。われわれは性格について、人のまわりの世界との連関を考慮に入れる時にだけ語ることができる」（前掲書）

性格は人生の課題に取り組もうとする人における「一定の表現形式の現れ」であり、「人がどんなふうにこの世界に向き合うかという方法」（前掲書）である。

## 問題解決パターン

ライフスタイル、性格は一方で人がこの世界、他者、人生の課題をどのように認識しているかを表し、他方でどんなふうにそれに向き合うか、その「一定の表現形式の現れ」である。

ここで、「一定の」表現形式の現れといわれているのは、対人関係の中で、こうすればうまくいった、あるいはうまくいかなかったという経験を重ねていくと、次第に対人関係の問題を解決するパターンを身につけていくようになるということである。問題解決の仕方はその時々で違うというよりは大体において一定しており、似たような状況ではいつも同じようなことをするようになる。このような問題解決のパターンを身につければ、その時々で解決の仕方を新たに考え出すよりもはるかに便利ではあるが、他方、融通が利かず、新しい状況に適切に対応できないということも起こる。

このパターンは他者をどう見ているかによって異なってくる。世界についての認識の仕方と行動の仕方は切り離せない。他者を敵と見、世界を敵対的であると見る人は自分のそのような見方を裏付ける証拠を見つけ出そうとするのでいよいよ固定するようになる。

## 自分で選ぶライフスタイル

ライフスタイル、性格を人はもって生まれてきたわけではない。同じ家庭で生まれ育ったのに子どものライフスタイルが違うという事実は、子ども自身がライフスタイルを自分で決断して選んだと考えなければ説明できない。

「性格は、決して、多くの人が考えているように、生得的で、自然によって与えられたものではなく、人に影のようにつきまとい、どんな状況においても、あまり考えなくても統一された人格を表現することを許すガイドラインに比べることができるものである。それは、いかなる生得的な力や傾向にも対応せず、たとえ非常に早い時期であっても、一定の生き方を保つことができるために、獲得されるのである」(『性格の心理学』)

ライフスタイルや性格が生得的なものでなく獲得されたものであるとすれば、必要があれば、何かの問題に直面した時に常とは違う仕方で対応できるはずだが、長年にわたって身につけてきたライフスタイルを別のものに置き換えるとたちまち混乱することになる。そこで、不自由で不便であっても、従前の同じライフスタイルに固執する。慣れ親しんだライフスタイルであれば、次の瞬間に何が起こるかを予見することは比較的たやすいからである。アドラーは次のようにいっている。

「たとえこの〔人生に与えた〕意味に重大な誤りがあったとしても、またわれわれの問題や課題に対するわれわれの誤ったアプローチが、絶え間ない不運と不幸を結果として生じることになったとしても、われわれはそれを放棄するということはない。人生の意味についてのわれわれの認識の誤りは、誤った解釈がなされた状況を再考し、誤りを認め、統覚を見直すことで修正されるだけである」（『人生の意味の心理学（上）』）

すれ違いざまに目を逸らした人が自分を避けていると思う人は、同じ状況で、相手が自分に気があるので目を逸らしたのだと思う人とはまったく違う世界に生きている。そんなふうに思える人のことをうらやましいと思ってみても、実際には自分の見方を変えようとはしない。そう思えるためには自分に魅力があると思えなければならないが、自分に魅力があると思ったら未知の世界へと一歩を踏み出さなければならなくなる。人と深く関わらなければ傷つくことはない。裏切られることもない。そのような目に遭わないために不便なライフスタイルに固執するのである。

先にライフスタイルには静的な定義と動的な定義があることを見たが、両者は無関係ではない。この世界を危険な場所であると見なし、他者を敵だと見ている人は、他者と積極的に関わろうとはしないだろうし、他方、他者を仲間と見る人は人と関わることをためらったりはしない。前者は、実際には他者と関わりたくはないので、他者を仲間と見なさないのである。ライフスタイルが人の行動のあり方を決めているのではない。行動する時に、その行動を正当化するライフスタイルを選ぶというのが本当である。

## いつライフスタイルを選んだのか

ライフスタイルはもって生まれたものではないとすれば、このライフスタイルをいつ選んだのか。アドラーは次のようにいう。

「ライフスタイルは、しばしば早くも二歳で、五歳には確実に認められる」（『生きる意味を求めて』）

言葉を習得する以前にライフスタイルを選んだのであれば、大人になってからそんなに早い時期にライフスタイルを選択したことの責任を問われるのはおかしいと考える人はいるだろう。

一つの解決法は、実際にはもっと遅くにライフスタイルを選択したと考えることである。十歳前後に選んだと私は考えている。それ以前のことは覚えていても、時系列順に思い出すことは難しいが、それ以降のことであればわりあいはっきりと覚えている。

しかし、このように何歳頃にライフスタイルを選んだというふうにいい方をすれば、ある時、ライフスタイルをただ一度きり選んだというふうに聞こえるが、実際には何度も選び直したはずである。少なくとも、そうすることは可能だった。子どもの頃のライフスタイル選択と大人になってからのそれとの違いは、前者は無意識的なものであり、後者は意識的なものであるということである。

アドラーは次のような調停案を出している。即ち、自分のライフスタイルを今知ってしまったら、その後どうするかは自分で決められる、あるいは決めなければならないというものである。従前のままでいるのか、それまでとは違うライフスタイルを選ぶかは自分で決めることができる。

それまでとは違うライフスタイルを選ぶためには、まず、ライフスタイルを変えないでおこうという決心をやめなければならない。次に、どんなライフスタイルを選べばいいかを知っていなければならない。知らなければ変わりようがないし、それまでの人生で次に見るアドラーのいう

「神経症的ライフスタイル」を身につけてしまっているかもしれない。

## 対人関係の中で

神経症は心の中ではなく、対人関係の中で起こるのであり、症状が向けられる「相手役」(Gegenspieler)が存在する。症状よりも「相手役」との関係に焦点を当てなければならない。そのためには神経症の症状を脇に置かなければならない。アドラーは次のようにいっている。

「神経症的なライフスタイルを考察する時には、いつも神経症の相手役がいるのでは、と考えなければならない。誰が患者の状態によって困るのか、注意しなければならない。病気が社会全体に対する攻撃であるということもあるが、通常、この相手役は家族の一員であり、異性の人であることもある。神経症にはこのようにいつも隠された非難がある。患者は、あたかも自分の権利、即ち、注目の中心に立つという権利を奪われたように感じ、誰かに責任を被せて責めたい、と考えるのである」(『人はなぜ神経症になるのか』)

神経症者の言動によって困る人がいれば、その人が神経症者の言動が向けられる「相手役」である。神経症者はその相手役から何らかの注目を得て、応答を引き出そうとする。相手役が、神経症者に彼〔女〕らが望むような注目をしている限りは問題は起こらないか、症状は比較的安定する。

しかし、家族といえども、いつも身内の神経症者に注目するわけにはいかないので、望む注目を得られなければ、注目の中心に立つという権利を奪われたと感じ、自分に注目しない人を非難し始めるのである。攻撃的になることもある。神経症にはいつも「隠された非難」があるといわれるのはそういう意味である。

家族などの共同体の一員であると感じられること、共同体の中に自分の居場所があると感じられることは、他の何を措いても人間にとっての基本的な欲求であるが、共同体に所属するということは、それの中心にいることではない。中心にいることを当然と思ったり、家族を煩わせたり、心配をかけたりするというようなやり方で共同体の中心にいようとするのは問題である。

## 前に進まないための「手」

人生には取り組まなければならない「仕事の課題」「交友の課題」「愛の課題」という三つの「人生の課題」がある。いずれも対人関係である。

まず、人は自分が必要なものをすべて自分で創り出す時間も技術も持っていないので、分業することが必要になる。この分業ができるようになったのは人が協力することを学んだからである。この分業を可能にする協力関係を築くことが「仕事の課題」である。

次に、人は一人で生きていくことはできないので、仕事の時だけでなく、他者に関心を持ち協力することが必要である。このような人との結びつきのことをアドラーは「交友の課題」と呼んでいる。仕事から離れての友人とのつきあいは、交友の課題である。

さらに、男女の付き合い、結婚、さらに、家族との関わりである「愛の課題」がある。この三つの人生の課題は、関係の距離と持続性の点で、仕事、交友、愛の課題の順に難しいものになる。

仕事、交友、恋愛、結婚などの人生の課題を回避することはできない。これらの課題に人がどんなふうに対処するかは、基本的には幼い頃も今も変わらない。人を変えて今もかつてと同じようにふるまっているのである。先にも見たように、この課題への対処の仕方を「ライフスタイル」というが、人生の課題に立ち向かっていく人と、それを回避する人とに大きく分けることができる。症状が出なくても神経症的なライフスタイルを持った人は人生の課題を前にしてためらいの態度を取る。どのようなライフスタイルを「神経症的」と名づけるかは後述する。

ライフスタイルが神経症的なものである限りは、症状だけが除去されても、別の症状が創り出される。カウンセリングは、症状の除去ではなく、神経症的なライフスタイルを持った人の「再教育」である。神経症が対人関係の中で起こるというのはどういうことか。

対人関係に限らず一般に自分が取り組む課題を前に疑い、ためらう人がいる。そのような人は課題に取り組まないようにしようとする。決断し課題に取り組むことで結果が出ることを恐れるからである。自分が選択したことから起こることには自分が責任を引き受けるしかないが、責任を引き受けたくない人は自分に代わって誰かに決めてほしいと思う。他の人が決めたことでうまくいかなくても、その人に責任を転嫁できるからである。課題を前にしてためらう人は次のようなことをする。

「防御するために、手を前に伸ばすが、時折、危険を見ないでいいように、もう一方の手で目を覆う」（『性格の心理学』）

課題を前に完全に立ち止まることはないが、自分の身を守るために手を前に伸ばして課題に近づいていく。ここでは象徴的にいわれているが、危険を見ないでいいように目を覆う「手」は、課題を前にしてためらわせる感情である。疑いであったり、不安という感情で片目を覆っているが、もう一方の目は開いているので課題を前に完全に立ち止まらないのである。

課題を前にして怖れを抱いたり、不安になるのは、必ずしも課題自体が困難であるからではない。むしろ、課題に直面しないでおこうという決心がまずあって、その決心を後押しし、それを強化するために恐れたり、不安になったりするのである。

## 他者を敵と見る

この「手」になりうるのは、不安のような課題から退こうという決断を後押しする消極的な感情だけではない。怒りも同じように機能する。アドラーは、怒りは人と人を引き離す感情（disjunctive feeling）であるという（『性格の心理学』）。怒ると、あるいは怒られると二人の関係は遠くなる。関係が遠くなれば、結局のところ、課題の解決は棚上げにされる。

このような人は対人関係を回避し他者との関係を成立させないために、まず自分については、自分の問題、短所などを他者との関係に入れないことの理由にする。同様に、他者の中にも何か問題を見出し、それを他者と関わることが困難であることの理由にする。他者の無理解を責める人は、そのような人を敵と見るのである。

その場合、相手は変わらないのに自分の気持ちだけが変わる。この人とはもう付き合うことはできないと思った人は、相手に短所や欠点を見出すが、その短所は仲がよかった時は長所だったのである。

また、過去に経験したことが持ち出されることもある。どんなに苦しくてつらい人生を送ってきたかを他者にわかってほしいからである。しかし、過去にどれほど大変な経験をしてきても、そのことは今の、そしてこれからの人生には何も関係がないというようなことをいうと、これまでどんなに大変な思いをしてきたかあなたにはわかるはずはないといわれるかもしれない。このようにいう人は一体何をわかってほしいのだろうか。そして、そのことで何をしようと思っているのか。他者の無理解を責め、他者を敵に回してみても得るものは何もないはずなのに、なぜそうするのか。

このような人は、自分にとって人生は不運の連続であったと見たいのである。いつも悲観的でどんな喜べる機会にも「カッサンドラの叫び」しかあげない、つまり不吉なことしかいわない人は、自分だけでなく他者に何か喜ばしいことが起こっても不吉なことばかりいう。他者の喜びに「人生の影の面」を持ち込むようなことをすれば、その人との関係は遅かれ早かれ終わるだろう。

むしろ、終わらせるためにそのようなことをいいだすのである。

## 自分を好きになってはいけない人

カウンセリングにくる人に「自分のこと、好きですか」とたずねると、大抵「嫌い」という答えが返ってくる。「自分には魅力がないから誰にももてない」という人も多い。その際、神経症があることを理由にして人と関わることができないという人がいる。そのようにいう人は、自分のことが嫌いなので「前向きでポジティブ」な人に変わりたいというけれども、本当は変わりたいと思っていない。

カウンセリングでは、神経症がいつ頃から出始めたかを問うことはあるが、原因を探ることはしない。何かきっかけとなった出来事はあったとしても、そのことが症状の原因ではない。ある「目的」があって神経症を創り出したと考えるからである。このことがどういうことか赤面症を例にして明らかにしたい。

赤面症に何か目的があるのか。その目的を知るために「赤面症になってできなくなったことはありますか」、あるいは「赤面症が治ったら何がしたいですか」とたずねる（『人はなぜ神経症になるのか』）。どちらの問いもねらいは同じである。後者の質問に、「男性とお付き合いしたい」という答えが返ってきたとすれば、この答えから、目下、赤面症を理由にして男性とは付き合わないでおこうと決心しているのであり、男性との付き合いに直面する勇気を持っていないということがわかる。つまり、「私は赤面症だから男性とお付き合いができない」と考えたいのである。

しかし、この女性は赤面症がなければ男の人と付き合えるのに、と思いたい。この答えから男性と付き合うという対人関係の課題を避けようとしていることがわかる。可能性であれば何でもいえるが、男性と付き合うことが現実になってはいけないのである。

しかし、赤面症は男性と付き合うことの妨げになるとは思えない。なぜなら、初対面の時、物怖じしないで、それどころか理路整然と自分の考えを披瀝して応答する女性は敬遠され、他方、恥ずかしそうにし頰を赤らめてはにかむ女性にこそ引かれる男性は多いからである。

実際のところは、男性から魅力がないと思われたり、ふられたりするのが怖いから男性を避けているのであって、赤面症はいわば後付けの理由でしかない。男性と付き合わなければふられることもない。

カウンセリングで明らかにするべきことは、この女性の無意識の目的である。それは赤面症を理由にして男性との付き合いを回避しようとしているということである。赤面症が治っても事態が赤面症がある前とは少しも違わないという現実に直面すればつらい思いをすることになる。

このようなケースでは赤面症の除去をカウンセリングの目標にはしない。目下赤面症を訴える女性にとってはこの症状は男性との付き合いを回避するために必要なものなので、症状だけを除去してみたところで、アドラーが「神経症者は、一つの症状を驚くべき素早さでなくし、一瞬の躊躇もなしに、新しい症状を身につける」（『人生の意味の心理学（上）』）というように、たちまち何のためらいもなく別の症状を身につけることになるからである。

## 自分に価値があると思える援助

カウンセリングでできることは症状は脇に置いておき、自信を持てる援助である。アドラーは、「私は自分に価値があると思える時にだけ、勇気を持てる」といっている（*Adler Speaks: The Lectures of Alfred Adler*）。

ここでいわれる勇気は対人関係に取り組む勇気、対人関係に入っていく勇気である。なぜ対人関係に入っていくことに勇気がいるかといえば、人と関わる時、いつも必ずよい関係を築けるわけではなく、傷つけられたり裏切られたりして悲しい思いをしたりすることは避けられないからである。アドラーが「すべての悩みは対人関係である」（『個人心理学講義』）といい切っているように、カウンセリングのテーマは対人関係をめぐっての問題だけであると断言しても間違いない。

おそらくは、今のこの赤面症の女性に自分に価値があると考えているか、また自分のことが好きかとたずねてみても、否という答えが返ってくるだけだろう。問題は、神経症などを理由に対人関係に入っていけないと訴える人が、先にも見たように、実は対人関係の中に入っていくことを少しも望んでいないということである。

そのような人は、自分でも自分に価値があるとは思えず、自分で自分が好きではないのに他の人が私のことを好きになるはずはないと思う。そのように思って他の人と関わろうとはしない。

しかし、人と関われないことの苦しみは、関わることで起きるであろう苦しみほどは大きくはないと考える。誰とも関わらなければ、裏切られたり、憎まれたり、嫌われたりすることはないからである。

赤面症の女性には、あなたは赤面症という症状があることを口実に対人関係を避けていると説明しなければならない。赤面症がある今はこの世界はいわば白黒の世界である。赤面症が治りさえすれば、あなたはあなたが望んでいるように男性と付き合うことができると思っているかもしれない。しかし、実際、赤面症が治ったのに、あなたが好意を持っている人は振り向いてはくれず、付き合ってほしいといっても断るかもしれない。その時、あなたは深く絶望するだろう。そのようなことにならないために、赤面症はあなたにとって大切な症状だと説明する。

カウンセリングをいつまでも続けるわけにはいかないので、カウンセリングの初期の段階、できれば初回時に、このカウンセリングはどんな目標が達成できれば終結できるかということについて来談者とカウンセラーの間で合意に達することが重要である。カウンセリングの目標を設定しないでカウンセリングを始めると必ず行き詰まる。

どんなことなら相談に乗ってもらえるかという問いに対して、私なら次のように答えるだろう。今のあなたは自分には価値がないと思い、そんな自分のことが好きになれず、自信を持てないでいる。自信をつけるカウンセリングならできる、と。しかし、この提案を相談にきた人が手放しで受け入れるかはわからない。なぜなら、自分に価値がないから対人関係に入っていこうとしないのではなく、対人関係に入らないために自分に価値がないと思いたいからである。

それでも自分に価値があると思えるようになれば、依然として男性と付き合えないとしても、今とはまったく違う受け止め方ができるようになるだろう。人と関われば誰かに傷つけられ、悲しむことになるかもしれない。しかし、生きる喜びも対人関係の中でしか得ることはできないのであるから対人関係に入っていく勇気を持ってほしい。

男性から相手にされないというような現実に直面することを怖れて、自分に価値があるとは思わないことで対人関係に入っていく勇気を持たないでおこうと決めていた人が、自分に価値があると思え、自信を持てるようになれば、現実に直面することをさほど恐れなくなるかもしれない。男性との出会いもあるかもしれない。

しかし、自信がついても事態は何も変わらないかもしれない。それでも、以前は恋愛によってのみ、つまり男性と付き合うことによってのみ自分の価値を見出せると思っており、その意味で男性に依存していたのだが、男性と付き合わなくても自分に価値があると思えるようになれば、もはや男性に依存する必要はなくなる。そうなると、男性への見方も変わらないわけにはいかない。付き合えないのではなく、付き合う必要はなくなる。この違いは大きいといわなければならない。

そのような見方の変化に伴って男性と付き合うことが人生の最優先課題ではなくなれば、男性との付き合いを回避するために必要だった赤面症も必要ではなくなる。

どうすれば自分に価値があると思えるようになるのかはこれからの話である。

## 神経症的ライフスタイルの特徴

アドラーは、神経症者について次のような特徴をあげている（『人はなぜ神経症になるのか』）。まず、神経症者は人生の課題に直面した時、それを解決しようとしないことである。直面する人生の課題を解決できないことは「敗北」である、と神経症者は考える。敗北を怖れるので、「ためらいの態度」を取ったり、「足踏みしたい（時間を止めたい）」と思ったりする。立ち止まることも、退却することもある。課題に取り組まなければ、敗北することはない。

「もしも……ならば」は神経症者のドラマの主題である。「もしも赤面症が治れば男の人とお付き合いできるのに」と可能性をいうことは誰にでもできることである。しかし、神経症者はこの可能性を現実化することはない。

「私は私の問題のすべてを解決したい。でも、不幸にもそうすることを妨げられている」（『人生の意味の心理学（下）』）

人生の課題を回避する人は、このように「はい……でも」（yes...but）といって、結局、課題に取り組まない。神経症者特有の論理によって、彼らが「でも」といった時は、言葉としては「解決したい」といっていても、したい気持ちとしたくない気持ちが拮抗しているというよりは、「解決したくない」といっているに等しく、実際には課題に取り組まない決心をしているのである。そして、「でも」といって直面する課題に取り組めない理由を持ち出す。神経症者は、もしもこの症状がなければ、といい、この症状があるから課題に取り組めないといって、症状を課題から逃避する口実にするのである。

次に、神経症者は、課題を自分では解決できないと考えて他者に依存し、自分では課題の解決に取り組まない。他者が自分の課題を自分に代わって解決しうるはずはないが、そのようなことが可能だと思っているのである。

さらに、神経症者は、症状によってまわりの人を支配する。うつの人は自分がいかに苦しんでいるかと訴える。うつ病は、まわりの人も苦しむ病気である。うつの人をまわりは放っておけないからである。

以上のことが神経症者が症状を必要とする理由である。このライフスタイルを変えない限り、たとえ一つの症状が出なくなっても、別の、さらに厄介な症状を呈することになる。

## 神経症的ライフスタイルを形成しやすい人

このようなライフスタイルを形成しやすい人として、アドラーは次の三つのタイプをあげる(『人生の意味の心理学(上)』)。

まず、器官劣等性のある人。アドラーがいう器官劣等性は生活に実際の支障をきたす障害のことである。多くの人はそのような障害があっても、障害を適切に補償して他者に依存することなく人生の課題に取り組むが、なかには依存的になって自分の課題を他者に肩代わりしてもらおうとする人がいる。また、器官劣等性のある人はまわりの人が自分の障害を嘲笑する恐い人だと見なす人も多い。

次に、甘やかされて育った人は、自力では課題に取り組むことはできないと考え、他者に依存し、注目と世話を受ける中心に立つという意味で、他者に対して支配的になることがある。

さらに、憎まれて育った人は、自分は誰からも愛されていない、この世界で誰からも歓迎されていないと感じることがある。そのような人にとって他者は敵であり、他者との関わりを回避しようとする。

器官劣等性があったり、憎まれて育った人にとっては、他者は敵であると思える。甘やかされた人は、自分の要求が受け入れられる限り他者を仲間と見なすだろうが、自分の要求が拒絶されたらたちまち他者を敵と見なすだろう。

「私がほしいものすべてが手に入るだろうか」と彼らはあらゆる状況で問う。自分では何もしないで、あらゆるものを「皿に載せて渡されたい」と思う。

神経症的ライフスタイルを形成しやすい人の特徴から、このライフスタイルを持った人は、自分には人生の課題を解決する能力がなく、他者は自分の敵であると考えていることがわかる。

アドラーにとって、神経症は何よりもライフスタイルの次元での問題である。ライフスタイルの改善を図ることによって、治療よりも予防をこそ重視し、神経症の症状を呈する人、あるいは、症状がなくても神経症的なライフスタイルによって生きている人には再教育が必要であると考える。

アドラーが再教育というのは、ライフスタイルは生得的なものではなく、自分自身で選んでいると考えるからである。もしも自分が選んだのであれば、必ず選び直すことができる。

## 劣等コンプレックスとしての神経症の論理

アドラーは「劣等コンプレックス」という言葉を使うことがある。これは劣等感とは違う。劣等感は自分が劣っていると感じることである。他方、劣等コンプレックスは、「Aであるから（あるいは、Aでないから）Bできない」という論理を日常のコミュニケーションの中で多用することである。このAとして、自他共にそういう理由があるのなら仕方がないと思えるような理由を持ち出す。神経症がAとして使われる。ただ、できないということを認めたくはない。できないことで面目を失いたくはないからである。

子どもは月曜日の朝、お腹が痛くなったり、頭が痛くなったりする。しかし、子どもの腹痛、頭痛は決して仮病でも詐病でもない。本当にお腹や頭が痛くなる。そのような症状を訴える子どもを親は学校に行かせるわけにはいかない。子どもは思う。本当は今日は学校に行きたい、それなのにお腹が痛くて行けなくて残念だ、と。しかし、子どもはただ学校に行きたくないのである。症状がなければ親も教師も学校に行かせようとするので、症状が必要なのである。

大人も同じである。会社に行きたくないのである。しかし、真面目な人であれば、理由もないのに休めないと思う。理由があれば休める。そこで、自他共に納得できる理由を探す。先に見た赤面症の女性は、男性と付き合えない理由を赤面症に求めたのである。

## 見かけの因果律

しかし、劣等コンプレックスの論理におけるAとBには因果関係はない。

主人の側について歩くことを訓練されていた犬が、ある日、車にはねられた。この犬は幸い一命を取り留めた。その後主人との散歩を再開したが、事故にあった「この場所」が怖いとその場所に行くたびに足がすくみ、一歩も前に進めなくなった。そして、その場所には近づかないようになった（『生きる意味を求めて』）。

「事故に遭ったのは場所のせいであって、自分の不注意、経験のなさのせいではない」。そう結論づけた犬はこの考えに固執し、危険はこの場所で「いつも」この犬を脅かした。

神経症の人もこの犬と同じように考えるとアドラーはいう。面目を失いたくないがために、過去の出来事や遺伝や境遇、親の育て方などを自分が人生の課題に直面できないことの理由にするのである。

しかし、このような論理はたちまち破綻する。ある殺人事件の容疑者は調べに対し、「自分はすぐにカッとする性格。話しているうちに、イライラすることをいわれて殺した」と話した。誰も納得しないだろう。東京、京都、函館、名古屋で次々と人を殺し死刑になった永山則夫は獄中で本を出版した。永山は無知と貧困のゆえに罪を犯したという。しかし、彼をよく知る友人はいった。「皆、貧しかった」と。

話している時に、人からイライラすることをいわれることはあるだろう。貧しい生活を強いられた人はあるだろう。だからといって、そのような人が皆、殺人者になるはずはない。

アドラーは「劣等コンプレックスを告白したまさにその瞬間に、生活における困難や状況の原因となっている他の事情をほのめかす。親か家族のこと、十分教育を受けていないこと、あるいは、何らかの事故、妨害、抑圧について語るかもしれない」（『個人心理学講義』）。「原因」はいくらでも出してくることができる。

アドラーは、このように今の出来事、あるいは状態について、あることを原因として説明することを「見かけの因果律」（semblance of causality, scheinbare Kausalität）と呼んでいる（『生きる意味を求めて』）。なぜ「見かけ」なのかといえば、実際には因果関係はないからである。本来は因果関係がないところに因果関係があるように見せるという意味である。

このような「原因論」が本来は因果関係がないのに因果関係があると見なすのは、そうすることに「目的」があるからである。その目的は、端的にいえば、現状がうまくいっていないことや自分が今取るしかない行動の責任を、遺伝や親の育て方や、環境、さらには性格などに転嫁したり、自分を傷つけた人を断罪したりすることで自分が正しいことを確認しようとすることである。

何か大きな自然災害、あるいは事故や事件があるとトラウマ（心的外傷）やPTSD（心的外傷後ストレス障害）という言葉が使われる。そのようなことに遭遇することで心が傷つけられると考えられている。人はトラウマによって、強い抑うつ、不安、不眠、悪夢、恐怖、無力感、戦慄などの症状が生じるというわけである。

災害などに遭遇することで何かしらの影響を受けないということはない。しかし、ある出来事によって誰もが同じ影響を受けると考えることは、人は外界からの刺激に反応するものにすぎないと考えることである。しかし、人はこのような意味での反応者（reactor）ではなく、行為者（actor）である（Dinkmeyer et al., *Adlerian Counseling and Psychotherapy*）。ジッハーは「行動に問題があっても、刺激に反応している（react）のではなく、自分自身、進化における役割、社会における位置についての考えに応じて行動している（act）」といっている（*The Collected Works of Lydia Sicher*）。同じ経験をしても、そのことで誰もが同じようになるわけではない。アドラーは、トラウマは必ずしもトラウマである必要はない。いかなる経験もそれ自身では、成功の、あるいは失敗の原因ではない。人は経験によって決定されるのではなく、経験に与えた意味によって自分を決めている、と考えている（『人生の意味の心理学（上）』）。

大きな災害や事故に遭った人が不安を訴えるようになるという時、もともと人生の課題を回避する傾向があったということはありうる。働きたくないと常々思っていた人であれば、働かないことを正当化する理由ができたと思うかもしれない。最初は事故に遭った場所や事件に巻きこまれた場所に行った時に、不安になったり、心臓の鼓動が激しくなったり、頭痛がしたりするという症状が出ただけだったのに、やがて事故などに遭った場所の近くを通りかかるだけでも症状が出るようになり、そうなるとすぐに一歩も外へ出られなくなるだろう。

アドラーの娘であるアレクサンドラ・アドラーがこんな話を伝えている。統合失調症の少女の診察に両親が呼ばれた。医師の一人がアドラーのいる前で、心配している両親に対し、「娘さんは回復の見込みはありません」といった。アドラーはすぐに他の医師にいった。「いいかい、聞きたまえ、どうしてわれわれはそんなことがいえるだろう。これから何が起こるか、どうしたら知ることができるだろう」（**Manaster et al. eds., *Alfred Adler: As We Remember Him***）。もしもある経験によって人が必ず同じようになるのであれば、今とは違うあり方へと導くことである子育て、教育、治療はそもそも不可能であるといわなければならない。

目下、パートナーとの関係がうまくいかないというような場合、過去の出来事が原因なのではない。パートナーとの対人関係の築き方に改善の余地があるにすぎない。そのことを認めたくない人は、過去の出来事を持ち出しその時に傷ついたことがトラウマになったと見なして、今の対人関係の責任を曖昧にするのである。

過去にあるとされる原因ですら客観的に存在しているわけではない。たしかに過去に経験した出来事であっても、その出来事を「今」意味づけしているのである。

しかし、過去にあったという出来事が実際にはなかったということもありうる。私は父に小学生の時に殴られたという記憶があるが、その場に居合わせたのは私と父の二人だけだったので、父が亡くなった今となっては実際にあったことなのかどうかを確認しようがない。私が父との関係をよくしないでおこうという目的のために、折に触れてその時の出来事を思い出していただけかもしれないのである。

原因論と目的論は相反する見方として併置されるのが一般的だが、実は原因論も目的論に包摂されるのである。原因論に立ち、過去に経験したことが今の、そしてこれからの生きづらさの原因であると見なすことは、責任の所在を曖昧にする。

## 人生の嘘

過去にあったことが今の問題の原因であると考える人は、このような見かけの因果律で他の人だけでなく自分をも欺いているのであり、アドラーはこのような口実を「人生の嘘」という厳しい言葉で表現している（『個人心理学講義』）。

人生の課題に取り組む時、失敗することはありうる。しかし、何をする時にも必ず成功しなければならないと考え、成功するという保証がある時にしか挑戦しないことがある。もしくは、失敗してもそのことによって致命的な打撃を受けないように、いわば綱渡りをする人が転落することを予想して、あらかじめ下に網を張っておくようなことをする（『子どもの教育』）。症状はこのような目的のために創り出される。

入学してすぐに遅刻を繰り返すようになったある少女について、アドラーは次のようにいっている。人は新しい状況に入る時、自分のライフスタイルを明らかに示す。とりわけ学校に入る時に明らかになる。それまで家庭の中でどれほど注目の中心でいたのであれ、学校においてはもはやちやほやされることはなくなるからである。

この少女は一人で課題の解決に取り組もうとはしなかった。他の人が課題の肩代わりをしてきたので、困難に直面する準備ができておらず、怖れを抱き逃げ出そうとした。

「実際にも見かけの上でも敗北から逃れるために勇気をくじかれた人たちがしばしば取る手段を彼女も取った。即ち、どんなことであれ、していることをやりとげないということである。そうすれば、最終的な判断を免れることができたのである。そこで、できるだけ時間を無駄に過ごした。このような人にとって時間は最大の敵である。社会状況のもとでは、時間は絶えず「私をどう使うの」という問いで苦しめているかのように感じるからである。それゆえ、愚かなことをして「暇をつぶす」奇妙な努力をする。この少女はいつも遅刻してきた。そして、あらゆる行動を延期した」(『人はなぜ神経症になるのか』)

さほど難しい試験とは思えないのに、しかもその試験を受けて通らなければ一歩も前に進めないことが明らかな時ですら、試験を受けて自分の実力が明らかになることを怖れて試験を受けない人がいる。試験に受かるためには勉強をするしかないが、勉強をしないで試験を受けられない理由をいくらでも探し出してくる。

悩むのも同じである。悩んでいる限り、決めなくていいから悩むのである。悩むことで課題に直面することを延期しているわけである。

## 些事にこだわる人

アドラーは「原理主義者」について次のようにいっている。彼らは、

「人生の現象を何らかの原理でとらえようとし、どんな状況においても、一つの原理に従って進み、その原理をいつでも正しいと思い、そこから逸れることはない。そして、人生においてすべてが慣れた正しい道を行くのでなければ不快になる。彼〔女〕らは、大抵は、些事にこだわる人でもある」(『性格の心理学』)

ここでいわれる「些事にこだわる」というのは、いつも歩道の端を歩くとか、あるいは、足をかける特定の石を探すというようなこと、また、慣れた道以外はほとんど歩かないというような習慣にも見られるが、規則、形式、原理がなければ前に進んでいけないという生き方そのものを指している。規則や原理を予め決めておけば、たしかにそこから逸脱しない限り安心して進んで行けるが、逸脱のない人生などありえない。すべてが自分が定めた通りに進むということもありえない。ありえないけれども、安心するためにおそらくは他者から見ると笑止な原理を定めて行動を制限しようとするのである。

「社会制度が個人のためにあるのであって、個人が社会制度のためにあるのではない。個人の救

済は、事実、共同体感覚を持つことにある。しかし、それはプロクルステスがしたように、人をいわば社会というベッドに無理やり寝かせるということを意味していない」（『子どもの教育』）

プロクルステスはギリシア神話に出てくる盗賊の名前である。プロクルステスは、捕らえてきた旅人を自分のベッドに寝かせた。そして、もしも旅人の身体がベッドよりも短ければ無理に引き伸ばし、逆に長ければベッドからはみ出た部分を切り落として殺したといわれている。

原理主義者はこのプロクルステスと同じようなことをしようとする。彼らにとって、規則や原理は絶対なので、現実がそれらによって処理できなければ、現実の方を例外と見なし、例外（と見なされる事象）を無理に原理に合わせようとしたり、切り捨てたりしてしまう。ある時誰かが、自分は誰からも好かれないと思い込んでいる人に好意を抱いていることを打ち明けても、そのようなことを自分に価値があることの証拠であるとは決して見なさず、そのような人が現れたことを例外と見なすようなことを指す。

「このようなタイプの人は皆、人生の広大な領域をあまり好まない。彼らの性質は、その結果、しばしば途方もない時間の浪費をもたらし、自分もまわりの人も気まずくさせる。新しい状況に入らなければならない瞬間に失敗する。なぜなら、そのことに準備ができていないからであり、規則や魔法の言葉がなければ耐えられないと信じているからである」（『性格の心理学』）

原理主義者は、規則や原理に従うことを優先する。たとえ、より有効な方法があっても新しい方法を採ろうとはしないので、結局は時間を無駄にすることになる。それにもかかわらず、可能な限り変化を避けようとする。

## コントロールできないものを恐れる

伊坂幸太郎が登場人物の一人に「自分でコントロールできるものは安心だと考える傾向がある」と語らせている(『死神の浮力』)。例えば、

「銃を使うのは自分で、使うタイミングはコントロールできる」

しかし、自分でコントロールできると思っている人は、自分で運転する車の方が飛行機よりも安全だと思う。実際には車の事故は頻繁に起きており、飛行機の死亡事故はほとんど起きていない。

「にもかかわらず、人間は飛行機よりも、自分の運転する車のほうが安全だと感じる。なぜか分かるか」

「自分でコントロールできるから」

ここでは実際には、自分でコントロールできると思っているものでもコントロールできない可能性が示唆されている。手近に銃があれば、発作的に死にたくなった時に自分を撃つ可能性が高くなる。同様に、煙草やドラッグも自分で使用頻度を調整できると過信し、結果、コントロールできなくなる。世界最高の安全基準などといって過信しているから、原発事故はひとたび起こった時に取り返しのつかないものになる。ともあれ、自分でコントロールしたいと思い、そうでき

ないものを恐れ、避けたいと思う。

自分でコントロールできない最たるものは死である。自分がいつ死ぬのか、どのように死ぬかを決められないことが怖いのである。対人関係も自分でコントロールできない。どんな人もだが、とりわけ子どもは次に何をするか予測できないところがあって、常に親の意表を突くような行動をするといっていいくらいである。子育てが苦痛であると思うのは、子どもはコントロールできるはずだと思っているのに、実際にはコントロールできないからである。

## なじみの状況に留まる

アドラーはしばしば広場神経症を引き合いに出す。
「この症状は「私はあまり遠くまで行ってはいけない。なじみの状況に留まっていなければならない。人生は危険に満ちているので、それを避けなければならない」ということの確信の表現である。この態度が一貫して保たれる時、人は部屋にこもるか、あるいは、ベッドに入ってそこから出てこないだろう」(『人生の意味の心理学(上)』)
家の中では家族としか顔を合わさないので何が起こるかを予測することは容易だが、ひとたび家の外に出れば何が起こるかわからない。外で出会う人たちは怖く、外の世界も彼〔女〕らの人生も危険に満ちたものになる。
これは、しかし、彼らが外の世界をそう見なしているということであって、実際に世界が危険であるということではない。たしかに今の世の中は災害や事故、事件がいつ起こるかわからない。しかし、必要以上に危険であると見なすことで「なじみの状況」に留まることを正当化しているのである。

先に見た予測困難ということについていえば、他者を敵と見、この世界を危険と見なす人にとって、対人関係は予測困難であり、したがって支配できないので回避したいと思うのである。他者を仲間と見なす人は、対人関係はたしかに予測することは困難だが、他者が必ず自分を傷つけるようなことをいったりする怖い人であるとは思わない。そのような人には外の世界も危険なところではない。

先に見た「原理主義者」についてアドラーは次のようにいっている。

「このような人にとっては、春に移り行くことは、困難をもたらす。もう長い間冬に慣れていたからである。暖かい気候になって外へ出て行くこと、それによって多くなる人との関係が彼〔女〕らを驚かせ、機嫌が悪くなる。春になると決まって不快になる」（『性格の心理学』）

長く続く冬の後にようやく春が巡ってくると、心が浮き立つ。雪を割って咲き初めた花を見つけ、鳥のさえずりを耳にすると身を縮めて家の中にいた人も外に出てみようと思う。

ところが、春の訪れを嬉しく思わない人がいる。長く慣れ親しんだ季節が過ぎ、新しい季節が到来すると、生活を変えることを強いられることになるからである。暖かくなり外に出ていくと、人と会わないわけにはいかない。日本であれば、学校に入ったり、会社に就職するのは四月なので、新しく築かなければならない対人関係の煩わしさを思うと、春の到来を無邪気に喜ぶわけにはいかない。春がきても熊のようにずっと冬眠していたいと思う。

しかし、外の世界が危険だから外に出ようとしないのではない。外に出れば誰も自分に注目してくれないという事実に直面することを避けたいのである。

「取り除かなければならない最後の障害は、彼のことを気にかけない人、例えば、通りを行く人と交わる怖れを取り除くことだった。この怖れは、自分が注目の中心でないあらゆる状況を排除するという広場恐怖症の深い怖れによって生み出されるのである」(『人はなぜ神経症になるのか』)

こうして注目の中心にいることに成功し、自分を守ってくれる人を自分に仕えさせようとする。家の中であれば家族をコントロールできると考えるのである。これはあらゆる神経症において見られる特徴である。

「すべての神経症者は、多かれ少なかれ、行動の領域を制限し、世界との接触を制限する。三つの現実的で、差し迫った人生の課題から距離を取り、支配できると感じられる状況に自分を制限する。このようにして神経症者は狭い部屋を作ってドアを閉め、人生を風や日光、新鮮な空気にさらされないで過ごすのである」(『人生の意味の心理学(上)』)

そこでは対人関係は家族だけに限られるので、家庭の中で何が起こるかを予測することは比較的容易である。その意味で状況を支配できると感じるが、例えば親を自分のいいなりにするということも、ここでいわれる支配に含まれている。

# 第四章
# 優越コンプレックス——虚栄心をめぐって

人がありのままの自分を受け入れることができればどれほど楽に生きられるだろう。しかし、実際には、特別よくなければならないと思うか、特別悪くなければならないと思う人は多い。今の状態から脱して優れようとすること自体は正常な努力だが、虚栄心に見られるような個人的な優越性を追求することがいかに人を生きづらくさせるかを見たい。

## 普遍的な欲求としての優越性の追求

アドラーは、全体としての個人が、優れていること、優越性という目標を追求して行動すると考える。まったく無力な状態から脱したいと願うという意味で優れていようとすることは誰にでも見られる普遍的な欲求であり（『個人心理学講義』）、「すべての人を動機づけるのは優越性の追求であり、われわれの文化にわれわれがなすすべての貢献の源泉である。人間の生活の全体は、この活動の太い線に沿って、即ち、下から上へ、マイナスからプラスへ、敗北から勝利へと進行する」（『人生の意味の心理学（上）』）。

この優越性の追求と対になるのが、劣等感である。これも誰にでもあり（『個人心理学講義』）、「優越性の追求も劣等感も病気ではなく、健康で正常な努力と成長への刺激である」（前掲書）。

## 個人的な優越性の追求

このように優越性の追求そのものが否定されているのではないが、人が直面する課題を個人的な優越性を得るという仕方で解決したいと思うことをアドラーは問題にするのである。

優越性の追求には、正しい方向での追求と、誤った方向での追求がある。優越性の追求が野心という形で現れる場合が誤った方向での追求の例である。この時、他者との競争が関係してくると、並外れた野心を持った子どもたちは困難な状況に陥る。

「成功したかどうかという結果によって判断し、困難に立ち向かい、それを切り抜ける力によって判断しないのが習慣的であるからである。またわれわれの文明では、根本的な教育よりは、目に見える結果、成功の方により関心がある、ということも習慣的なことである」（『子どもの教育』）

このような子どもたちは、最終の結果、即ち、成功することで認められるということしか考えない。

「成功しても人に認められるのでなければ満足しない。多くの場合、困難が生じると、実際にこの困難を克服することを試みるよりは、精神のバランスを維持することの方が、子どもにとって重要である。このような野心の方向へ強いられた子どもはこのことを知らない。しかも、他人の賞賛なしに生きることはできない、と感じている。このように考えるので、多くの子どもは他人の意見に左右されることになる」（前掲書）

困難に立ち向かいそれを切り抜ける力ではなく、目に見える成功の方に関心がある。しかし「ほとんど努力することなしに手に入れた成功は滅びやすい」（前掲書）。

成功したかどうかという結果だけが大切で、結果に至る過程は問題にされない。結果が出せないと思うと課題に取り組もうとしない。課題が困難であれば現実的な努力によって克服するしかないが、課題に取り組めない理由を持ち出してくる。これは、もはや健全とはいえない劣等コンプレックスである。しかし、思う結果が得られなかったというだけで精神のバランスを崩すということもあるであろうし、後にも問題にするが、たとえ望むような成果を出せても、それだけでは足りず、他者から賞賛され認められたいと思う。そこで、賞賛され認められるために自分がどう行動すべきかについて他者の意見に左右され、自分で決めることができなくなる。

## 支戦場で闘う

どんなことでもなし遂げようとするなら努力しなければならない。しかし、努力をしても思うほどの成果を得られないと、努力することをやめてしまう人がいる。そのような人は、アドラーの言葉を使うなら「支戦場」で闘っているのである（『子どもの教育』）。これは「人生の有用でない面」といいかえられる。支戦場で安直な優越性の追求を目指すのである。

それでは、人が本来生きる場は「支戦場」ではなく「主戦場」であるかというとそうではない。生きることは決して他者との競争ではないからである。人がそこで生きる本来の場はあるが、生きることを競争と捉え本来の場で実力を発揮できない人は、その場で努力することを放棄し、「支戦場」で優越性を追求しようとする。仕事の面で力を発揮できない上司は「支戦場」で部下を理不尽に叱りつける。部下が落ち込めば優越感を持つ。刃向かう部下に勝てばいっそう優越感を持つことができる。

「支戦場」における優越性の追求は犯罪者にも見られる。彼らは人生の困難を建設的な努力で克服しようとはせず、人のものを盗んだり、危害を加えたりするという安直な手段で他者から注目され優越感を得ようとする。また、神経症者は症状によって他者を支配することで他者よりも優位に立とうとする。うつ病者はうつになるという代償を払っているが、症状を訴え他者の注目を引くことで「征服者」になれる。そのような人は、甘やかされた子どもがしばしばそうであるように「弱さ」を見せることで「成功する訓練」を受けてきた（『人はなぜ神経症になるのか』）。この場合の成功は「支戦場」での成功である。

アドラーは洗浄強迫の女性の例を引いている。この女性は一日中、洗濯したり掃除したりするようになった。あらゆるものを洗い、自分の部屋にあるものを誰にも触らせなかった。洗浄強迫は、「セックスを避けるための手段」として使われる（前掲書）。愛撫されると汚されたように感じるのである。こうして彼女は他の誰よりも潔癖できれいだと感じ「高貴な優越性の目標」を手に入れた。

このような人たちは支戦場での勝利を得ることで優越感を持つ。その方法は屈折した優越性を誇示することである。自分の弱さを見せる人は、私の気持ちがわかるはずはないと救いの手をさしのべる他者を払いのけようとするので、まわりの人は腫れ物に触るように接することを強いられる。

## すべての神経症は虚栄心

アドラーが一九三七年に六十七歳で忽然とこの世を去ったのは、スコットランドのアバディーンでのことだった。アバディーン大学の関係者に四日間の連続講義をすることになっていたのである。無事講義を終え、次の講義の地へと出発する日の朝、一人で食事をすませ、散歩に出ようと思ってホテルを後にした直後にアドラーは倒れた。心筋梗塞だった。

アバディーンでの最初の夜、招聘元の心理学教授であるレックス・ナイトと滞在先のホテルのロビーで挨拶を交わした後、二人がソファに腰を下ろした途端、一人の青年がやってきた。

「お二人の紳士が心理学者であることは知っています。でも、私がどんな人物かをいい当てることは、おそらくどちらにもできないと思いますよ」

ナイトは困惑したが、アドラーは目を上げるとじっと若者を見た。

「いいえ、あなたについて話せることがあると思いますよ。あなたは非常に虚栄心が強いですね」

どうして虚栄心が強いと思うのかと問われてアドラーはこう答えた。

「二人の知らない紳士がソファーにすわっているところにやってきて、私のことをどう思うかとたずねるとは虚栄心が強いということではないか」

アドラーはナイトにコメントした。

「私はいつも私の心理学を単純にしようとしてきました。おそらくこういえるでしょう。神経症はすべて虚栄心だ、と。あまりに単純すぎて理解してもらえないかもしれないが」（Manaster et al. eds., *Alfred Adler: As We Remember Him*）

ここで問題にされる虚栄心は先に見た優越性の追求である。

「虚栄心においては、あの上に向かう線が見て取れる。この線は、人は自分が不完全であると感じていて、等身大以上の大きな目標を設定し、他の人以上であろうとすることを示している」（『性格の心理学』）

「あの上に向かう線」が優越性の追求である。先に見たように無力な状態から脱したいと願う優越性の追求、自分が不完全であると感じるという意味の劣等感は普遍的なものである。病気になると健康でないことに劣等感を持ち、その状態から脱したいと願うことが優越性の追求である。

しかし、「等身大以上の大きな目標を設定し、他の人以上であろうとする」ようになると、劣等感は過度に強いものになり、優越性は過度に追求され、もはや誰もが持つ劣等感や優越性の追求ではなく、劣等感は「劣等コンプレックス」、優越性の追求は「優越コンプレックス」になる。

いずれのコンプレックスも、人生の有用でない面にある。先に使った言葉でいえば「支戦場」で見られる。劣等コンプレックスがさらに高じると神経症になる（前掲書）。優越コンプレックスは、優越性の追求の過度な状態であり、個人的な優越性の追求、あるいは、神経症的な優越性の追求といいかえられる。

## 価値低減傾向

虚栄心のある人は敵意を持っており、完膚なきまでに他者を打ち負かし、「いたるところで、嘲笑と非難を用意し、独善的でどんな人も批判する」（『性格の心理学』）。攻撃こそ最大の防御だといわんばかりである。

個人的な優越性を追求する人は次のようなことをする。

「このような人が絶えず示す軽蔑や侮蔑をわれわれは価値低減傾向と呼んでいる。その傾向は虚栄心のある人にとってそもそも何が攻撃点かを示している。他者の価値と重要性である。それは他者を没落させることで優越感を創り出す試みである」（前掲書）

「人間の本性について知るためには、不遜であったり、傲慢であってはならない」（『人間知の心理学』）というアドラーが先の青年に対してかくも簡単に虚栄心があると答えたことに私は驚くのだが、アドラーは「価値低減傾向」を青年が示したことを瞬時に見抜いたのである。虚栄心のある人は他者の価値と重要性を攻撃する。他者の価値を落とし、そのことによって相対的に優越感を得ようとするが、このような人には弱さの感情、あるいは劣等感が潜んでいることをアドラーは指摘する。

「〔他の人の〕価値を認めることは、彼〔女〕らにとって、個人的な侮辱のように作用するのである。ここからも彼〔女〕らの中に弱さの感情が深く根づいていることを推測できる」（『性格の心理学』）

自分が実際には優れていないことを知っているからこそ、ことさらに自分が優れていることを強調し優れているように「見える」ふりをしなければならない。

そのための手段が他者の価値を低減することだが、アドラーとナイトが心理学者なのに、この青年が二人に自分がどういう人物なのかをいい当てることができないということは挑戦的で、そのことを指摘するだけで優越感を持つわけである。

### 誰にも見られる虚栄心

虚栄心は、自分にもまわりにいる人にも見られる。虚栄心から自由な人は誰もいないし、おそらく誰もがいくらかはこの傾向を持っているとアドラーはいう（『人間知の心理学』）。アドラーが、

「神経症はすべて虚栄心だ」という時、神経症者だけではなく、神経症的なライフスタイル、性格を問題にしているのである。

アバディーンでのこの「神経症はすべて虚栄心だ」というアドラーの発言は次の箇所が注釈になる。

「総じて、認められようとする努力が優勢となるや否や、精神生活の中で緊張が高まる。この緊張は、人が力と優越性の目標をよりはっきりと見据え、その目標に、活動を強めて、近づくことを試みるように作用する。そのような人生は、大きな勝利を期待するようになる。このような人は現実との接点を見失うに違いない。なぜなら、人生との連関を失うからであり、常に、〔人に〕どんな印象を与えるか、他の人が自分についてどう考えるかという問いにかかずらうことになるからである。行動の自由は、そのことによって、著しく妨げられることになる。そして、最も頻繁に現れる性格特徴があらわになる。虚栄心である」（前掲書）

先の青年にアドラーはこう答えたのだった。

「二人の知らない紳士がソファーにすわっているところにやってきて、私のことをどう思うかとたずねるとは虚栄心が強いということではないか」

虚栄心のある人は、認められようと努力し、「〔人に〕どんな印象を与えるか、他の人が自分についてどう考えるかという問いにかかずらう」といわれているのは、まさにこの青年のことである。

先の引用で「現実との接点を見失う」と訳した言葉の原語はドイツ語の unsachlich である。これの反意語は sachlich である。いずれも Sache（事実、現実）という名詞から由来する形容詞で、sachlich は事実に即した、現実的な、あるいは地に足が着いたというような意味である。私は「即事的」と訳した。unsachlich は「事実や現実（Sache）に即していない」という意味にある。

自分が人からどう思われているかを気にする時に人生との連関、現実との接触を失う。人から認められようとし、個人的な力と優越性を追求する人は、実のところ、強い劣等感を持っている。本当に優れている人は誰かにそのことを認められる必要を感じないし、自分が優れていることを誇示することもない。しかし、自分に力があり、優れていることを確信するために他者から認容、評価、承認されなければならないと感じる人は、現実の自分を生きることはできず、現実との接点を見失う。

「虚栄心が、一定の限度を超えると、それは非常に危険なものになる。それが、実際にあることよりもどう思われるかに関わるような、様々な役に立たない仕事や消費へと人を強いるということ、〔他者よりも〕自分のことをより考えさせ、せいぜい、自分についての他者の判断のことを考えさせるということは別としても、人は、虚栄心によって、容易に現実との接触を失うのである。人間的な連関を理解しないで、人生との連関を持つことなく、とりとめもなく動く。そして、人生が要求していること、人間として〔人生に〕何を与えなければならないかを忘れる。虚栄心は、他の悪徳とは違って、人間のあらゆる自由な発達を妨げる。結局のところ、絶え間なく、自分に

とって有利かどうかということばかり考えるからである」（前掲書）

虚栄心のある人は、また自分の失敗を他者のせいにする（前掲書）。そうすることで、課題への取り組みを回避するか、課題の前で逡巡する。失敗の原因を人に帰するだけではなく、症状に求める人も同じである。神経症者がその例である。神経症者はいう。「もしもこの症状がなければ何でもできるのに」と。そして、可能性にばかり賭け、現実との接点を見失ってしまうのである。

## 戦争・差別・いじめ

戦争も自国の威信が脅かされると思う人たちが抱く恐れに基づいたものである（Sicher, *The Collected Works of Lydia Sicher*）。他国の価値を低減しなければ、そのままでは完全な国家とは見なされないと考え、他国を貶め、実際に戦いを仕掛けることで自国の価値を高めようとするのである。

差別やいじめも価値低減傾向から起こる。他者の価値を貶めることによって自分が優れていることを誇示しようとするのである。差別やいじめは強い劣等感に由来する。普通にしていては自分の価値が認められないと思う人が他者を差別したり、いじめたりするという面があるので、このような行為は人間として許されないことであるとただ訴えるだけでは差別やいじめはなくならない。差別し、いじめる側の心理についての理解が絶対に必要であり、厳罰を科せば何とかなるようなことではない。

## 他者の権威に依存する

他方、他者の価値を低減し、自分の価値を相対的に高めるのではなく、他者の価値や権威を傘に高慢な態度を取る人がいる。

「虚栄心は、例えば、人が常に大口を叩いたり、絶え間なく話したり、そこで発言を許されたか、許されなかったかということで集まり〔の価値〕を判断する時にもありうる。このような人で、目立つことはなく、おそらく集まりへはまったく出ないで、それを避ける人もある。このように避けることにも様々な形がある。招待されても、特別に請われるのでなければ行かなかったり、行ってもかなり遅刻したりする。また、集まりへ行くのは一定の条件下だけで、高慢にも自分を特別に見せる。この特別であることを、時に誇らしげに自分について主張するのである。また別の人は、あらゆる集まりに出席することに野心を示す」(『性格の心理学』)

自分が参加する集まり(あるいは、より恒常的な集まりとしての共同体)はそれに所属する人の価値とは関係がない。子どもが有名進学校に合格したからといって、親がそのことで偉くなるわけではない。日本人がノーベル賞を受賞したからといって、日本人が偉くなるわけではない。

ここでアドラーがあげている人は、集まりに出たこと、あるいは出なかったことを語ることで他者の注目を引きたいだけである。アドラーは、あらゆる集まりに出席することに野心を示す人に言及しているが、野心からではないかもしれない。自分がいないところで、自分に不利な話がされることを怖れているからだけかもしれないのである。

優越感を持っているように見えて、その実、自分が普通にしていたら劣っていると見なされることを極度に恐れるのである。

## 虚栄心から自由になる

人が虚栄心を捨て、いわば地に足が着いた生き方を可能にするようなライフスタイル、性格を選び取れば、人がどう思おうと、人の自分についての見方に自分を合わせたりはしない。その意味で、可能的な自分の代わりに、この現実の自分を受け入れられることが既に大きな前進といえる。このような性格を受け入れることができた時点で、人はもはや以前とは違ってしまっているといえる。

しかし、このように人に合わせることなく人からの評価を気にしなくなれば、たしかに大きく変わったといえるが、それだけでは実は無内容だともいえる。人に合わせない、人からの評価を気にかけない、人に期待されるような人にならないとしても（そして、これは「そのままの」自分でいいということだが）、それではどんなふうであってもいいのかといえばそうではない。「そのままでいい」といわれその言葉の意味を誤解する人はいる。アドラーは、自分がただいるだけで重要だと自分のことを見なす子どもがいるといっている。

「もしも子どもを甘やかし、注目の中心に立つようにさせていれば、他の人によく思われるに値する努力を何もしないで、自分はただいるだけで重要だと自分のことを見なすことを教えたかもしれない」（『人生の意味の心理学（下）』）

そのような子どもは、甘やかされ、常に注目の中心にいることを許されてきたのである。もちろん、そのままでいいということは、このような意味ではない。「他の人によく思われるに値する努力」はしなければならないのである。

そのままでいいということのもう一つの意味は、いわば存在の次元でそのままでいいということである。親にとって子どもは何か特別なことをしているからではなく、たとえ成績がよくなかったり、病気であったり、親の期待に応えていなかったりしても、生きていることそのことがそのままで喜びである。

子どもから見ても、親が現実の自分ではなく理想の自分を見ていると思うことはつらいことである。そこで子どもは最初は親の期待を満たすために特別よくなろうとするが、それが叶わないとなると、特別悪くなろうとする。積極的な子どもは問題行動をし、消極的な子どもは学校に行かなくなったり神経症になったりする。どちらでなくてもいいのだ、ありのままのあなたでいいと子どもにいってほしい。

## 甘やかし

虚栄心についての考察から甘やかされた子どもの話になったが、たまたまのことではない。アドラーがあげる次のような女性の事例を見てみよう（'Das Todesproblem in der Neurose'）。

三十歳の、結婚して六カ月のこの教師は、不況下、教師の職を失った。夫も無職だった。そこで、非常に不本意ながら、事務員として働く決心をした。毎日、地下鉄に乗って職場に行った。ある日、職場で突然今すぐ椅子から立ち上がらなければ死ぬに違いないという考えにとらわれた。同僚が彼女を家へ連れて帰ると、ショックから立ち直った。しかし、その後、地下鉄に乗る度に、突然、死ぬという思いが彼女を襲うことになった。仕事を続けることはまったくできなくなった。

このことから何がわかるだろう。アドラーは次のように推測する。

「彼女は、強い虚栄心、自惚れ、おそらくは誇張された自己意識（自尊心）を持っていて、共同体感覚と活動性を欠いているに違いない」

そして、これを甘やかされた子どものライフスタイルの特徴と見る。ここで彼女が「虚栄心」を持っていたと指摘されていることに注目したい。教師であった彼女は、強い虚栄心、自惚れ、自尊心を持っていたので、たとえ生活のためにやむをえないとはいえ、事務員として働くことには耐えられなかった。そうすることは「品を落とすことであり、完全な失敗」に思えたのである。共同体感覚、活動性についてはアドラーはこの論文の後でその意味を説明している。

しかし、この推測が正しいかは、これを裏付ける生育史上の事実によって確かめなければならない。

彼女は三人きょうだいの第二子。上が姉、下が弟である。第二子は、第一子を何とか凌ごうとする。彼女はまさにそのようにした。姉が気難しい父親を前にして何一つ自分の意志を通せないのに対して、彼女はいつも、そして、大抵は、泣くことで自分の思いを遂げることができた。泣くことをアドラーは「水の力」（Wasserkraft, water power）といっている（『教育困難な子どもたち』）。

彼女はこの力を使って、姉が得たものを自分でも獲得してきた。姉は試験の時には母から指輪をもらった。彼女もほしいといいはった。そして、姉と同じ指輪を手に入れるまで泣き続けた。

弟は父親のお気に入りだったので彼女の強敵だった。父親は妻にも娘にもあまり関心を持っていなかった。両親の結婚も幸福とはいえなかった。そのために男性を信頼できないようになったと彼女は考えていた。両親の結婚が幸福なものではなかったことが彼女が男性を信頼できないようになったことの原因ではないことは、これまで見てきたことから明らかだろう。彼女は結婚生活がうまくいかない時のためにそう思いたかったのである。

ところが、結婚生活は幸せかとたずねられると、激しく泣いて自分ほど幸せな女性はいないといった。なぜ泣いたのかと問われると、このままであり続けるはずはないといつも恐れてきたからと答えた。このことから、現実的だけでなく可能的にも、結婚に失敗することが彼女を動揺させることがわかる。アドラーは説明する。

「彼女が目指した明らかな最終的な目標は、自分が容易に動揺し、まわりの人の優しさに頼る人だということを、習慣的に、無論、〔行動とそれが達成しようとする目標との〕連関を理解することなく示すことで、優越性と安全を強化することだった。したがって、あらゆる神経症者がそうであるように、先に述べたように、他者にあまり関心を持たず、むしろ搾取の対象とし、ほとんど活動性を示さないタイプに属している」（'Das Todesproblem in der Neurose'）

ここで他者に関心を持たないといわれているが、他者への関心こそが共同体感覚の意味なので（これについては次章で明らかにする）、彼女のように他者に関心を持たない人は共同体感覚を欠いていることになる。他者はこのような人にも関心を持ち、援助しようとするだろう。しかし、彼女のような人は自分では他者のために動くことはほとんどない。これが「活動性を欠く」ということの意味である。それにもかかわらず、自分は他者の共同体感覚を搾取しているのである。

彼女は事務員として働くために地下鉄に乗るとショック症状を起こした。そのような仕事は自分の品位を落とすことになると思った。それでいて、そのような仕事を首尾よくやり遂げることもできないかもしれないと考えた。そこで、このような仕事を前にして「死の問題」を身を守るために置いた。彼女が見た夢も同じことを示している。夢の中に死んだ人が現れるのである。こうして眠っている間も、死の問題から離れることがないようになった。

彼女は次のようにいいたいように見える。「この仕事を続けるくらいなら、死んだ方がましだ」。しかし、結局のところ、彼女が望んでいるのは死などではまったくなく、仕事を放棄すること、放り出すことを意味しているだけであるとアドラーは分析する。

先にも書いたように両親の結婚が幸福とはいえなかったので男性を信頼できないようになったと彼女はいうが、両親の不和と彼女が男性を信頼できなくなったことには因果関係があるわけではない。結婚生活がうまくいかなくなった時に必要な予防線として記憶の中から両親の結婚生活を持ち出したのである。

同様に、死の問題も彼女が仕事を続けることができないことを自他に認めさせるために、持ち出しているにすぎない。事務の仕事を続けるくらいなら死んだ方がましというような人は強い虚栄心があるといわなければならない。

## 他者との結びつき

「虚栄心が強くなると、他者のことよりも自分のことを考えるようになり、人生が要求していること、人間として〔人生に〕何を与えなければならないかを忘れる」（『性格の心理学』）。

注目の中心にいたいと思う甘やかされた子どもは他者のことを考えることはなく、他者からどう思われるかということばかり考え、自分にしか関心がない。ここでいわれる他者に何かを与えることが先の箇所でいわれた「活動性」である。

「われわれが常に共同体と結びついていたいと思うこと、結びついていると信じたい、あるいは、少なくとも結びついているように見せたいということから、独自の生き方、思考、行為の技術が生じる」（前掲書）

人が何かの共同体に所属していると感じられることは人間にとって基本的な欲求である。共同体との結びつきは受動的なものではない。ただ共同体の中に生きているというだけでなく、積極的に与えることによって所属感を得られることが重要だと考える。

どうすれば人からどう思われているかを気にしなくなり、承認欲求から自由になれるのか、虚栄心、一般に神経症、あるいは神経症的なライフスタイルから脱却するためにはどうすればいいか。ここではアドラーは他者に関心を持つこと、他者に与えることを答えとして示唆している。それがどういう意味なのかさらに考察したい。

第五章

# 共同体感覚——他者との結びつき

神経症的ライフスタイルから脱却する方法として示唆されている他者への関心は、アドラー心理学の鍵概念である「共同体感覚」である。本章では自分と同じ自由意志を持ち、決して力によって支配することができない他者とどう関わっていけばいいかを考えたい。

## 一人で生きているのではない

人は一人で生きているのではなく、他の人との間で生きている。人は一人では「人間」(人の間)になることはできない。そのことの意味は、人が弱いからというよりも、人はその本質において、初めから他者の存在を前提として生きているということである。人は一人でも生きていけるが、他者と共生することが必要であるというのではなく、最初から社会的存在である。社会や共同体から離れて生きる個人はありえない。

それゆえに、「人間の悩みはすべて対人関係の悩み」である（『個人心理学講義』）。日々避けては通るわけにいかない対人関係は厄介である。

## 行く手を遮る人としての他者

もしも人が一人で生きているのなら、何をしようと誰も止めないであろうし、一人で生きる世界においては正義、不正もない。しかし、実際には人は一人で生きているのではない。他者から離れては生きていくことはできない。その他者は母親を初めとして自分を保護する存在である。実際、赤ん坊は生きていくために親に食べ物を口に運ばせなければならない。言葉を話せないので泣くことで自分の要求を伝えなければならない。アドラーは「赤ん坊は人を支配するが支配されることはないので一番強い」といっている（前掲書）。

もちろん、そんな日はいつまでも続かない。生きていくために親やまわりの大人を支配する必要はなくなるからである。ところが、他者を支配する必要がなくなっても、精神的にいつまでも赤ん坊のままの人がいる。このような人は、他者は自分の行く手を遮り、自分の世界に介入してくるもののように思える。

人は自由意志を持っているので、どう行動するかを選択できるが、この自由意志を持っているのは自分だけではない。他者も自由意志を持っているので、ものを動かすかのように他者を自分の思い通りに動かすことはできないし、自分もまた他者から意のままに動かされたりはしない。

自由意志を持った他者との関係がいつもよいとは限らない。子どもも大人も理想的に従順でいわれたままに行動する人などいないからである。だからこそ、アドラーはすべての悩みは対人関係の悩みであるというのである。

哲学者の森有正《もりありまさ》は、次のようにいっている。人は自分自身の中にこういうことをしたいという「内面的な促し」を持っている。しかし、これを実現したいと思うと必ず障害にぶつかる。障害は人との関係の中で出てくる。この障害を何とかして克服しなければならない。しかし、行く手を阻む人がいる時、力による解決は本当の解決にはならない。行く手を阻むのが子どもである時、「子どもなんかひっぱたいてしまえばいいではないか」というけれども、それでは本当の解決にはならない。

それでは、どうすることが「本当の解決」になるのか。

「たとえば相手と話し合いをつけるとか、あるいは相手に自分を理解させるとか、あるいは自分が相手を理解して、その障害が実際は障害ではないことを納得したり」（『いかに生きるか』）というような経験を繰り返すことで外からの障害を克服する努力をすることである。

## 力では何ともならない

他者が自分を援助してくれたとしても、それはあくまでもその人の好意であって義務ではない。他者を力尽くで動かすことはできないし、感情を使って動かすこともできない。怒りは他者を自分の思う通りに動かすために創り出される感情である。力でも感情でも他者を動かせないとすればどうすればいいのか。

言葉でお願いするしかないのである。しかし、力や感情ではなく、言葉を使うのであればどんないい方でもいいかといえばそうではない。命令すれば反発される。疑問文か仮定文を使い、相手が断る余地を残したいい方をすると比較的聞き入れてもらえる。

もっとも、お願いしてみても、要求を必ず聞き入れてもらえるとは限らない。それでもそうすることによってしか、他者は自分が何をしてほしいと思っているかはわからない。私が何を考えているか言葉にしなくてもわかるべきだと考える人があるが無理というものである。

## 他者の他者

ふと視線を感じて目を上げたら人ではなくてマネキンだったという時、人ではなかったのだと安堵するが、もしも自分を見ていたのが人であれば恥ずかしいと思うことがある。何が違うのか。「私」が「他者の他者」だからである。私が他者について何かを感じたり、思ったりするように、他者も自分と同じように感じたり思っているると、他者の中に自分と同じ主観性を見出すのである。もちろん、他者はただ外の世界を映し出しているだけの鏡ではなく、映ったものを受け止め、解釈し、感じ、考える存在である。そのような他者に自分が見つめられていたと思うから恥ずかしいのである。

## 属性付与

他者は自分とは違う人格である。それにもかかわらず、他者の言動を自分に都合がいいように解釈しようとする人がいる。

Ｒ・Ｄ・レインは自分や世界についての解釈や意味づけについて「属性化」あるいは「属性付与」（attribution）という言葉を使って説明している（*Self and Others*）。

属性とは「事物の有する特徴・性質」という意味である。「あの花は美しい」という時の「美しい」が属性（花に属している性質）である。自分が自分をどう見るか、即ち、属性化と、他者が自分についてなす属性化が違うことがある。

自身による属性化と他者による属性化が一致していない場合で、一方が子どもであれば、子どもは大人（親）が自分について行う属性付与を、多くの場合、否認することができない。そのような場合、子どもにとって親の属性化は事実上の命令になる。子どもが親のことを大嫌いといっても、親は平然として「でも、私はあなたが私のことを好きだということを知っている」というような場合である。子どもが親のことを嫌いといっているのに、本当は私のことを好きであることを知っていると親がいえば、そこに「偽の結びつき」（false conjunction）が成立する。

子どもは生まれて何年も親の保護がなければ生きていくことはできないが、やがて大きくなって自立していく。子どもが親から離れていこうとしているのに、「真の背離」（real disjunction）

を認めようとはしない親は、自分に都合のよい解釈をして子どもを自分のもとに留めようとする。たとえ子どもが親から離れようとしていなくても、親と子どもは独立した人格で本質的に分離したものである。それなのに、属性付与を行うことによって「偽の結びつき」を創り出し、親と子どもの間には何の隔たりもないと見なそうとする。

## 理解するということ

このような属性付与が無効なのは、他者は必ず「理解」を超えているからである。フランス語の「理解する」という意味の **comprendre** は、「含む」とか「包摂する」という意味であるが、他者を属性付与によって包摂することはできない。必ず、その包摂からはみ出てしまう。

理解することは包摂することでしかできないが、この包摂が正しいかどうかは絶えず検証しなければならない。子どものことは親の私が一番よく知っているという親に会うことは多い。そんなことは実際にはありえないが、親は自分の理解にいささかの疑問も抱かない。子どもの方も親の属性付与に反発しないで受け入れることはよく見られる。しかし、子どもは親の期待を満たすために生きているのではないから、事実上の命令にもなりうる親の子どもについての属性付与に抵抗するべきである。

## 理想像としての他者

『白痴』のムイシュキン公爵は、ナスターシャの写真を見ただけで、「この顔には実に多くの苦悩がある」という（ドストエフスキー『白痴』）。それはムイシュキンが見ている「幻」かもしれないのに、その言葉の調子は断定的である。しかし、それはムイシュキンがこれまでに接した人との経験から類推して、即ち、よく似た人を想起し、その人に似ていると想像したにすぎない。

森有正が、初めて女性に郷愁に似た思いと憧れ、そして、かすかな欲望を感じた頃のことを書いている（『バビロンの流れのほとりにて』）。実際には、森は自分が憧れた女性とは一言も言葉を交わしていないのである。何ら言葉を交わすことなく、夏が終わると、彼女は去ってしまった。そんな彼女なのに、森は自分の思いをわかってくれるような気がしたという。そして、この恋情は「全く主観的に、対象との直接の接触なしに、一つの理想像を築いてしまった」。それは相手に対する何の顧慮も打算もなしに「愛の一つの原型」ができてしまったことを意味する。森はわかっているのだ。「それはもう彼女ではなく、僕だけの原型なのである」。ある意味で、森は彼女と言葉を交わさなくてよかったかもしれない。彼女は永遠に森の中で「原型」として生き続けることができたのだから。

## 言葉を交わす

ある人について、いかに仔細に想像しても、自分がそれまで他者について持っていた印象を他者に被せているだけである。その印象は大抵自分の思い込みにすぎない。それが間違いであることに気づくためには、二言三言話すだけで十分である。

そして、まさに人が自分のイメージした通りの人ではないことが、他者が他者である所以である。人が他者について抱くイメージを現実の他者には少なくとも全面的には適用できないということを知ることは、他者、あるいは、人格が成立するために必要な条件である。

哲学者の波多野精一《はたのせいいち》が「人格」の成立について次のように説明している。窓に寄りかかって道行く人の姿を眺めている。その時、目に映る人は「人」とは呼ばれていても、厳密には「人」ではなく「もの」である。人がたくさん歩いている。そのうちの一人が自分の友人であることがわかった。話しかけたら、返事があった。

「彼はわが友であった。談話はかわされる。彼の姿はもはや単に眺められる客体ではなくなった。それは今や互いに語り合うところの、互いに実践的関係に立つところの、行為するところの、主体の表現である。「人格」が成立したのである」（『宗教哲学』）。

言葉を交わすことで初めて、他者は属性化から自由になり、「単に眺められる客体」であることをやめる。人格は言葉を交わすことなどのコミュニケーションから離れては成立しない。

しかし、それまでの経験にもとづいた他者についてのイメージが間違っていたことは二言、三言で十分わかるかもしれないが、それだけでは人格としての他者を「知る」ことにならない。それどころか、長く一緒にいて多くの言葉を交わしてきている人であっても、その人を本当によく知っているとはいえないことがある。

なぜこのようなことが起きるかといえば、他者についてイメージを構築する、先に使った言葉を使えば「属性化」する際に、そのイメージや属性の正しさが何らかの形で検証されていないからである。そんなことをしなくても、他者を正しく理解できると思い込んでいる人は多い。他者を理解できないかもしれないという疑いすら持っていない。人でなくても、目の前にあるものですら、目に見えるから、触れるからといって、正しく知っているとはいえない。見間違い、聞き間違いは日に幾度となく経験することである。まして、人について知ることが容易でないのは当然である。

二言、三言、言葉を交わすだけでは難しいし、たとえ対話をしても相手を真に理解できるかといえば難しいが、それでも属性化を超えるためには対話が突破口になる。ただ形式的に言葉が交わされるだけでは人を知ることはできないし、本当の意味での人格は成立しない。どれだけ話しても、相手についての思い込みが強く、自分の包摂を超える面があることを認めることができなければ、他者は自分の観念でしかなく、人格として現れることはない。

すれ違いざまに相手が目を逸らしたのは、自分のことが嫌いだからだと考える人は、相手との関係を回避するためにそのように起きた事態を解釈する。そう解釈することが自分にとって「善」であり、「ためになる」と考えたのだが、その解釈は相手との関係を回避するという目的に適うようにするためであって、現実を歪めて見ていないかどうかの検証が必要である。

## 他者をどう見るか

さて、人はこのような他者との関係を離れて生きることはできない。人の言動は誰もいない、いわば真空の中で行われるのではない。言動が向けられる「相手役」が必ずいる。

さらに、この他者を敵と見るか、仲間と見るかで対人関係のあり方は違ってくる。このことは人と話す時に相手と目が合うかどうかでわかる。アドラーは、大人の顔をまっすぐ見られない子どもは不信感を持っているといっている（『子どもの教育』）。これは必ずしも悪意があるからというわけではないが、目を逸らすのは、瞬時であっても、自分を他者に結びつけないでおこうとしていることを示しているのである。

子どもを呼んだ時にどれくらい近くまでくるかということからも、子どもが他者をどう見ているかがわかる。多くの子どもは、ある距離を置いて立ち、まず状況を探り、必要があれば、近づくこともあれば、遠ざかることもある。

言葉も他者の存在を前提にする。たった一人で生きているのであれば、言葉はいらない。論理も一人であれば必要ないだろう（前掲書）。しかし、自分にしか通用しない言葉を使っていては他者と共生できない。他者と共生するためには、言葉と論理とコモンセンスが必要である。自己中心的な人は、コモンセンスではなく、私的知性を持つ（『生きる意味を求めて』）。コモンセンスがなければコミュニケーションはそもそも成立しない。「私的な意味はまったくの無意味である。

真の意味は、他者とのコミュニケーションにおいてのみ可能である」(前掲書)。

アドラーはこのように人が生きていくにあたって関わらないわけにはいかない他者を「敵」ではなく「仲間」と見た。この仲間の原語は**Mitmenschen**であり、この言葉から、アドラー心理学の中心的な概念である「共同体感覚」(**Gemeinschaftsgefühl**)と同義で使われる**Mitmenschlichkeit**という言葉が作られた(**"Über den Ursprung des Strebens nach Überlegenheit und des Gemeinschaftsgefühls"**)。これは「仲間」であること(**fellowmenship, Solidarität**)、人と人とが(**Menschen**)が結びついている(**mit**)という意味である。

## 仲間の存在

他者を仲間と見るというのも、もとより意味づけである。なぜ、アドラーは他者を仲間と見るのか。

アドラーが積極的に他者の存在を肯定し、他者は私にとって「仲間」であると見なすのは、人は何もかも一人ではできないので他者からの援助と協力が必要だからである。しかし、アドラーはここに留まらない。ただ他者から受けるだけではなく、他者に与えることができなければならないと考える。

ここでいう「与える」というのは「貢献する」という言葉でいいかえることができる。他者から受けるだけではなく、自分も与え貢献しようと思えるためには、他者を敵ではなく仲間と見なければならない。他者を仲間と見るからこそ、この他者に貢献しようと思え、既に見たように、貢献感が持てれば人は自分に価値があると思えるのである。

ところが、他者は敵であって、自分は「敵国の中に住んでいて、いつも危険にさらされている」（『個人心理学講義』）と感じている人がいる。

「ある四歳の子どもが、劇場で上映されたおとぎ話を見た。後年になっても、この世には毒の入った林檎を売る女性がいると信じていた。多くの子どもたちは、主題を正しく理解できない。あるいは、あまりに大ざっぱな概括をしてしまう。子どもが正しく理解するようになったと確信するまでは事柄を説明するのは親の課題である」（『子どもの教育』）

子どもの遊ぶおもちゃやゲームについていえば、おもちゃの武器や戦争ゲームはいけない。また、英雄や戦いを賛美する本もいけない、とアドラーはいう（前掲書）。

「普通の新聞についていえば、準備されていない子どもたちに、人生について歪んだ見方を与えることになる。子どもは、われわれの人生のすべてが殺人や犯罪や事故で満ちていると信じるようになる。事件の報道は、特に幼い子どもたちにとって気を滅入らせるものである。われわれは大人たちの発言から、子どもの時にどれほど火事が怖かったか、どのようにしてこの恐怖が彼〔女〕らの心を悩ましたかを見て取ることができる」（前掲書）

ここでアドラーがいう「普通の新聞」というのは、大人のために書かれ、子どもの見方をしていない新聞のことである。

昨今の子どもたちを巻きこむ事件の報道を見るにつけ、私は、そのニュースを見た子どもたちが他者を敵と見なし、この世界が危険なところだと思うようにならないか危惧する。

外の世界は危険なところだと思えば、それを理由に外に行かなくなるかもしれないし、積極的には人と関わろうとしなくなるかもしれない。たしかにこの世界は「薔薇色の世界」（前掲書）ではないし、事故や事件、災害はある。子どもたちの安全を確保するために必要な予防はしなければならない。しかし、それにもかかわらず、過剰な不安を煽ってはいけない。犯罪、事故、災害が世の常であると思わないように子どもたちを援助したいと思う。痛ましい事件はあるけれども、子どもたちの登下校をそれまでにまして見守るようになった人がいるということを知り、そのような大人を仲間だと思ってほしいのである。

「子どもたちが免れるのが望ましい外からの影響」（前掲書）だけが問題ではない。子どもたちが他者を敵と思い、この世界を危険なところだと見なすようになる大きな要因は、学校や家庭での大人の子どもへの関わり方である。

大人に叱られて育った子どもたちは、言葉を重視せず、感情的になり、力を使った安直な問題解決の仕方を学んでしまうようになる。大人が反面教師になることはありえるが、子どもが力を使ったり生命を軽視したりすることは大人の影響によるところが大きいといわなければならない。

アドラーは迂遠ではあっても、自分のことしか考えず、自分さえよければよいと考えるのではなく、他者のことを考えられるような子どもを育てようと考えた。そのアドラーの願いが今日実

現していると いえば、残念ながら手放しで肯定できない。

## 他者への貢献

「人生は全体へと貢献することを意味する……生の意味は貢献、他者への関心、協力である」(『人生の意味の心理学(上)』)

アドラーが、このように説くことに異を唱える人はいる。他者のことよりも、まず自分のことを考えないといけないのではないか、他者のことを考え、他者の利益に専心していたら、自分自身の利益が損なわれるのではないかというわけである。アドラーはこのように考えることは大きな間違いだという。

たしかに「与える」ことは重要な資質であるが、行きすぎてはいけない。

「人が本当に他者に関心を持ちたいと思い、公共の目的のために働きたいと思うのであれば、まず自分自身の世話ができなければならない。与えるということが何か意味をもっているのであれば、自分自身が何か与えるものを持っていなければならないのである」(前掲書)

与えるためにはまず自分が与えるものを持っていなければならない。他者に貢献するからといって自分のことは考えないとか、自分を犠牲にするような生き方をアドラーは勧めているわけではない。アドラーは自分の人生を他者のために犠牲にする人のことを「社会に過度に適応した人」といっている(『子どもの教育』)。自己犠牲的な生き方が立派で美しく見えることもあるが、他者に犠牲的な生き方を勧めるわけにはいかない。駅のホームから線路に転落した人を見た時、足がすくんでしまって何もできなかったという人がいても、そのような人のことを誰も責めることはできない。

問題は、貢献や協力を自己犠牲的な行為であると考え、他者に貢献したり、協力しない人がいるということである。「自分のことにしか関心がなく、外界は困難であり、他者は自分の敵であると見なしている子ども、「自分のことだけを考えよ」といわれてきた子どもである」（前掲書）。このような子どもたちは自分の人生を自分の間近にいる人の人生と調和するものにしようとはしない。自分のことばかり気にかけているので、他者のことを考えることができない。

このように考え、他者を敵と見なす人は、実際に他者が敵だから、他者との関係の中に入っていかないのではない。先に見たように、他者に貢献していると感じられる時に人は自分に価値があると思える。そして、自分に価値があると思えた時にだけ、対人関係に入っていく勇気を持てる。しかし、他者を敵と見なす人は、敵である他者に貢献しようとは思わない。そのため、貢献感を持てないので、自分に価値があるとは思えないことを理由に他者との関係の中に入らないでおこうとするのである。

## 全体の一部

ここにいてもいいと感じられること、所属感は、人間の基本的で最大の欲求である。

アドラーがウィーンに開設した児童相談所では、子どもと親が一緒にカウンセリングにきた。このカウンセリングは公開で行われた。聴衆の前でカウンセリングをすることは、アドラー派のカウンセリングではめずらしいことではない。他の人のカウンセリングを聞くことで、自分の問題との共通性に気づき、解決の方向性を見て取ることができると考えるからである。

しかし、当時はカウンセリングが公開されることは、子どもにも親にも有害であると批判された（ホフマン『アドラーの生涯』）。実際には、多くの聴衆の前に立った子どもたちは強い感銘を受け、他の人が自分に共感し、関心を持っていることを知ることになった。「このようなすべてから、子どもたちは、これまでよりも全体の一部でありたいと思うようになる」（『子どもの教育』）。

このように感じられるのは、他者が仲間だと思えるからである。「これまでよりも全体の一部でありたいと思うようになる」という表現から知られるように、全体の一部と感じられるからこそ、他者に貢献したいと感じるわけである。

このような考え方が全体主義といわれることがあるが、この言葉を使うと悪い連想が働く。これは全体という言葉の悪用による。実際には、それが悪名になるのは、一党一派が全体を支配することから起こるのである（田中美知太郎『プラトンⅡ　哲学（1）』）。国益を考えるべき人が私益のことしか考えない。それでいながら、全体のことを考えているふりをするのである。アドラーのいう、人は全体の一部という意味とはまったく違う。

## 共同体感覚

アドラーは軍医として第一次世界大戦に参戦したが、兵役期間中の休暇の間に、なじみのカフェ・ツェントラルで「共同体感覚」という考えを友人たちの前で初めて披露した（ホフマン『アドラーの生涯』）。

アドラーは組織的な殺人と拷問である戦争を望まないことがどうしていけないのか、そう考えて、突如として（そのように思えたのである）「共同体感覚」（Gemeinschaftsgefühl）という言葉を使い始めた。

この共同体感覚がどういう意味なのか、その概要をジッハーに拠って確認したい。ジッハーは、アリストテレスの「人間は社会的な動物である」（『政治学』）という言葉を引き合いに出して、人は他の人と結びついていて、自分の行うことは全体との関わりの中にあって、他者との相互協力関係（interdependence）にある、といっている（*The Collected Works of Lydia Sicher*）。人は世界から切り離されては存在することはできず、どんな形であれ、先に与えないわけにはいかない。

喩えてみれば、池に小石を投げ入れると、その時できた波紋はやがて消えてしまって見えなくなってしまうが、その影響はいつまでも続くようなものである。人は「全体の一部」であり（Sicher, *ibid.*）、世界から切り離されて生きることはできない。人は世界から与えられているが、自分だけが幸福になることはできない。自分が幸福になるためには、全体の幸福のことを考えなければならない（Sicher, *ibid.*）。絶えず、自分が世界に何ができるかを考えていかなければならない。

以上の意味で、自分が全体の中で生きていて、全体に影響を与えているということ、自分と世界は相互協力関係にあって、全体の一部であることに気づいていることを、ジッハーは社会意識（**social consciousness**）、社会覚醒（**social awareness**）という（*ibid.*）。これはアドラーのいう共同体感覚と同じである。

ところが、このような共同体感覚という思想を提唱することで、アドラーは多くの友人を失うことになった。価値観にもとづくような考えは科学ではないというわけである。たしかに個人心理学は価値の心理学、価値の科学である（『生きる意味を求めて』）というアドラーは、共同体感覚は「規範的な理想である」といっている（前掲書）。共同体感覚を理想と見ることが必要なのは、アドラーは決して既存の社会に適応することを勧めていないからである。

私はある時、電車の中で隣の席にすわっていた青年にふいに「今、何を読んでいるのですか」と話しかけられた。電車の中で隣や前にすわっている人がどんな本を読んでいるかが気になることはあっても普通はたずねないので、青年がこんなふうにたずねてきたことに私は驚いた。私はある精神科医の書いた本を読んでいたのだが、その本について話した後、彼はこんなことをいった。

「僕は今うつ病で入院するように勧められています。大人たちは僕に社会適応しろというのです。

でも、それは僕の死を意味します。どうしたらいいですか」

彼は社会に適応するよう強いられることに精一杯抵抗していた。個人心理学は決して社会適応の心理学ではない。プロクルステスの寝台の話を先にも引いたが（『子どもの教育』）、社会制度が個人のためにあるのであって、その逆ではない。たしかに、個人が救済されるためには共同体感覚を持たなければならないが、そのことはプロクルステスがしたように、個人をいわば社会というベッドに適応させるというようなことを意味していない。

しかも、共同体感覚という場合の、「共同体」は「到達できない理想」（『教育困難な子どもたち』）であって、決して既存の社会ではない。ここでいう共同体は、さしあたって自分が所属する家族、学校、職場、社会、国家、人類というすべてであり、過去・現在・未来のすべての人類、さらには生きているものも生きていないものも含めたこの宇宙全体を指している（『人間知の心理学』）。既存の社会に適応しなければならないと説いているわけではないのである。

それどころか、既存の社会通念や常識に対して断固として否といわなければならないことがある。ナチスに対して態度決定をすることを迫られ、ナチスに否といった多くのアドラー派の人たちが収容所で殺された。アドラー派は一度消滅してしまったのである（ホフマン『アドラーの生涯』）。

## "social interest" という訳

アドラーは共同体感覚の原語である Gemeinschaftsgefühl の英訳として、social interest を採用した。これには意味があった。共同体感覚という時の「共同体」は、先に見たように、既存の社会ではない。social interest という訳語は、共同体との関連が強調されず、social、即ち、対人関係への関心(interest)、他者への関心という点にこそ意味の力点が置かれている。

Gemeinschaftsgefühl は、他にも communal sense, social sense などと訳されたが、アドラーは social interest をもっとも好んだ。この訳語の利点として「「関心」(interest) は「感情」(feeling) や「感覚」(sense) よりも行為に近い」ということが指摘される (Ansbacher, Introduction. In Adler, *The Science of Living*)。受動者としての個人 (reactor) よりも、行為者 (actor) としての個人が強調されている。

「関心」にあたる英語の interest は、ラテン語で inter esse (est は esse の三人称単数形) つまり、「中に、あるいは間にある」という意味である。「関心がある」ということは対象と自分との「間に」(inter) 関連性がある (est) ということである。相手のことが自分とは無関係に起こっているのではなく、関連がある時にその人に関心があるといえる。

関心は目の前にいる人に対してだけではない。アドラーはある時、こんなことをいった。「中国のどこかで子どもが殴られている時、われわれが責められるべきだ。この世界でわれわれと関係がないことは何一つない。私はいつもこの世界を変えるために何ができるかを考えている」（Bottome, *Alfred Adler: A portrait from life*）

## 他者への関心

アドラーがいうことはシンプルである。共同体感覚を持つということは他者に関心を持つことである。アドラーは自分にしか関心を持たない人に他者にも関心を持つようにすることの重要性を再三再四説いている。**self interest**（自分への関心）を **social interest**（他者への関心）へと変えていかなければならないということである。

共同体感覚は、他者の存在を認め、他者にどれだけ関心を持っているかの尺度である。さらに、共同体感覚がある人は他者が自分に何をしてくれるかではなく、自分は他者に何ができるかという関心を持っている。そして、ただそのような関心を持つだけでなく、実際に他者にできることをし、そうすることで他者に貢献しようと思う。

他者の存在を認めようとしない、あるいは、他者の存在を認めても、自分を中心に世界がめぐっていると考える人がいる。既に見た神経症的なライフスタイルを持った人が、自分と世界の関係をこのように見る。

アドラーは「自分への執着」（Ichgebundenheit）が、個人心理学の中心的な攻撃点だといっている（*Alfred Adlers Individualpsychologie*）。

## 共感

アドラーは「共感」を重視する。相手を理解するためには、相手と自分を同一視しなければならない（『教育困難な子どもたち』）。「もしも私だったら」と自分の見方を相手に適用することでは（これが先に見た「属性化」である）、相手を正しく理解することはできない。むしろ、相手の立場に身を置くことが必要である。このような意味での共感をすることは容易ではないが、これが共同体感覚の基礎になる。

アドラーは「他者の目で見て、他者の耳で聞き、他者の心で感じる」（『個人心理学講義』）ことは、共同体感覚の許容しうる定義であるといっている。「自分」のではなく「他者」の目で見、聞き、感じることが、共感であり共同体感覚である。

例えば、綱渡りの曲芸師がロープから落ちそうになった時、見ている人は自分が落ちるかのような恐怖を感じる。また、人を殺そうとしている人は、相手を自分と同一視しているのだからこそ、まさに殺されようとする人の怯える目を見ない。その目を見れば到底人を殺すことなどできない。人を殺そうとする時にその人の目を布で覆うのは殺される人のためではない。殺人者が見たくないからである。

## 戦争

このようなことは個人間の殺人にとどまらない。アドラーは、戦争は「進歩と文化を救うために、廃止しなければならない人類の最大の災い」であるといっている（『子どもの教育』）。アドラーは兵役期間中の休暇の間に共同体感覚について話した時、「組織的な殺人と拷問である戦争」を望まないことがどうしていけないことか、といった（ホフマン『アドラーの生涯』）。アドラーはこの時、軍医として参加した戦争について印象をたずねられ、医師として目撃した恐怖と苦しみについて、また、オーストリア政府が戦争を継続するために繰り返し語った嘘について語り、政府を強く非難した。共同体感覚についてアドラーが語ったのはまさにこの時だった。

先に見た「共感」に引きつけて戦争について考えるならば、戦争が絶えることなく続くのは、共感能力や想像力が不足、もしくは欠落しているからである。

戦争では「この人」や「あの人」が死ぬのである。顔が見えれば戦争はできない。ミサイルを発射する兵士は、この人やあの人の死を思い浮かべない訓練を受ける。意識的に共感能力や想像力を消去するのである。戦争に直接参加しない人も、実際には夥しい血が流されるのに、血抜きされた報道を見聞きしているうちに、共感能力は麻痺してしまう。自らは前線に行くつもりなどまったくない政治家に共感能力がないのはいうまでもない。

アドラーが語る「医師として目撃した恐怖と苦しみ」というのは、彼が当時、陸軍病院に勤務しており、そこに入院してくる患者が退院後、再び兵役に就けるかどうかを判断しなければならなかったことを指している。

先に見たように、アドラーはトラウマを否定しているが、人と人とが殺し合う戦場では心を病む人がいたことを見ていたはずである。この戦争神経症についてアドラーがどう考えていたかを見る前に神経症全般の治療に関するアドラーの考えを確認しておきたい。

## 治療の方向

どうすることが神経症を治療することになるだろうか。治療者が患者とのよい関係を持ち、勇気づけることが重要だが、患者が行動や症状の目的を理解する援助をすることで、自分自身の誤りを理解することが基本である。患者はライフスタイルを改善しなければならないのである。

神経症的ライフスタイルがどのようなものかを確認すると、次のようである。

1. 人生の課題を解決しようとしないこと。
2. 他者に依存する。
3. 他者を支配する。

これと関連して、

4. 自分には人生の課題を解決する能力がないと思う。
5. 他者は敵であると思う。

総じて、神経症者は、自己中心的な世界像を持ち、自分自身への関心（self interest）しかない。

一方で他者を敵と見なしているのに、他者が自分のために何をしてくれるかということにしか関心がない。これも自分にしか関心がないということである。そのような人に他者への関心（social interest）を持てるように援助したい。ここでいう他者への関心（social interest）は、既に見たように、共同体感覚（Gemeinschaftsgefühl）を英語で表現したものである。治療は、育児や教育と同様、共同体感覚の育成に他ならない。

他者に関心を持ち、さらには他者にとって有用な活動ができるようになるためには、他者を敵ではなく「仲間」であると見なければならない。このことについては先にも見た。他者を仲間と見ることができれば、他者に貢献しようと思える。自分が他者に何らかの仕方で役立てていると思えれば、自分に価値があると感じられる。このことが他者に貢献し、人生の課題を解決できるという自信を育むことができる。

一度も他者に貢献したことがないと思っている人であっても、他者に貢献しうるという経験をすれば必ず変わる。過去が現在を決定しないと考えるからこそ、神経症の治療は可能になるのである。

## 理想としての共同体感覚

共同体感覚を説くアドラーにとって、戦争は人と人を反目させる（gegen）という意味で、共同体感覚の対極にあるものである。

私がアドラーの生涯について調べていた時に不思議に思ったのは、アドラーが戦場で悲惨な現実を目の当たりにしたにもかかわらず、共同体感覚という人間についての楽観的な見方を表明したことである。アドラーは戦場で人間の数々の愚行を見ても、他者を仲間と見る見方が揺らぐことはなかったのだろうかと思った。

アドラーは、共同体感覚は、規範的な理想であり、現に実現されていなくても、その理想を目指すことが重要だと考えたのである。殺人や戦争といういわば人間の闇の部分にどれほど注目してみても、闇の部分を消し去ることはできない。闇は実体として存在するわけではないからである。ここにアドラーが戦争の真っ直中、なぜ共同体感覚という考えを思いついたのかという問いを解く鍵がある。

共同体感覚を持っている人は、協力し貢献する（Sicher, *The Collected Works of Lydia Sicher*）。ジッハーは、人は生まれつき協力の感覚を持っているという（*ibid.*）。ジッハーはそのようにいうが、何もしなければ人が協力を学ぶとは思えない。アドラーは、共同体感覚について、それは生まれつきのものではなく、「意識的に発達させなければならない先天的な可能性」であるといっている（『人はなぜ神経症になるのか』）。可能性であっても、先天的かどうかはなお問題がある。共同体感覚が先天的であれば何もしなくても発達するようにも考えられるが、意識的に発達させなければならない。

ともあれ、ここで意図されているのは、協力こそが人の本来的なあり方だということである。ジッハーは、個人心理学は「人は最初から進んで協力の道を歩むと仮定する（assume）」といっている（Sicher, *ibid.*）。

他方、競争についていては、ジッハーは、次のようにいっている。ダーウィンのいう競争を前提とした適者生存という考え方は、人生の第一法則である協力に反している（*ibid.*）。ダーウィンも気づいていたように（『子どもの教育』）、動物は単独でいるよりも群れでいる方がはるかに生き延びる確率が高い。人は協力的であることも非協力的であることもできるが、協力することは生まれつきの可能性であり、さらに、事実であり、非協力は本性的にも生物学的にも可能ではない、とまでジッハーはいっている（Sicher, *ibid.*）。

私は、競争はありふれたことではあるが正常ではなく（usual but not normal）、競争の最たるものである戦争は人間の本性ではない（Sicher, *ibid.*）、とジッハーがいっていることに注目したい。ありふれたことだからといって、そのあり方を正常であると肯定しなければならないわけではないのである。

このように考えると、アドラーが戦争の真っ只中にあって共同体感覚という考えを表明したのは不思議でも意外でもないことがわかるだろう。ジッハーの言葉を借りるならば、戦争はよくあることかもしれないが、それは正常なあり方ではなく、人間の本性でもない。

アドラーは、「万人の万人に対する闘い」（bellum omnium contra omnes）は一つの世界観であっても、普遍妥当なものではないと指摘している（『教育困難な子どもたち』）。この言葉はホッブスが『リヴァイアサン』の中で用いた言葉としてよく知られている。人間は自己保存欲を持っており、他者を圧倒しながら、自分の権利と幸福を求めようとしている。これをホッブスは「自然状態」と呼んでいる。

しかし、アドラーにとって、このような「万人の万人に対する闘い」は、先に見たように、一つの世界観であっても、普遍的に妥当するものではなく、闘いや競争ではなく協力こそが本来的なあり方だと考えるのである。アドラーは、人生は目標に向けての動きであり、「生きることは進化すること」であり、人が追求するべき目標は、永遠の相の下の（sub specie aeternitas）人類全体の完成に導かれるような方向にあるのでなければならないという。

私はここに理想主義者としてのアドラーの一面を見る。理想主義者は現実を無視するのではない。現実の有様を踏まえ、なおそれを超えようとするのである。現実に見られる競争、そして、その最たるものとしての戦争をそのまま肯定しないところは、アドラーの基本的な考えとして特筆に値する。

競争の最たるものが戦争であり、アドラーがそのような戦争に反対したというのであれば、先に見たように、ジッハーの言葉に倣うならば、ありふれたことではないにしても、正常なこととして（unusual but normal）協力こそが肯定されなければならない。

理想が現実からほど遠い時、理想を掲げることには意味がないと考えられることがある。しかし、理想はそもそも現実と食い違っているものなのである。アドラーは、戦場での悲惨な現実を目の当たりにしたからこそ、そして、この考えが現実へ働きかける力が強いからこそ、戦争における悲惨な現実を回避するために、理想としての共同体感覚という考えに到達したのである。

## 事前論理と事後論理

「それは理想論だ」と理想主義者のいうことを斥ける現実主義者は多い。現実を生きることからしか何も始まらないのだから、現実主義がそれ自体で間違っているわけではない。しかし、現実しか見なければ、どうすることもできないという諦めに陥ってしまう。諦めてしまえば、もはや現実を変えようとはしなくなる。

現実主義は現実を説明することに終始し、現状を変える力はない。何かの問題があってカウンセリングを受けにくる人に現状を過去の生育歴などに原因があるというふうに説明するだけでは何も変わらない。現実主義が事後（post rem）論理といわれるのに対して、理想主義は事前（ante rem）論理といわれる。理想を掲げることで初めて人はそれに近づくべく努力できるのである。

フロイトは同じ第一次世界大戦を経験したが、アドラーとは違って、人間には攻撃本能があると見た。攻撃本能があると事後的に認めてしまえば、人間が殺人を犯すという現実はやむをえないと見なされることになってしまう。

## 戦争神経症

アドラーは神経症の一類型として戦争神経症について語っている。彼は、戦争神経症はもともと精神の問題を抱えている人に起こると考えていた（ホフマン『アドラーの生涯』）。

アドラーは、社会的な義務、あるいは、これまで使ってきた言葉では人生の課題に直面して臆病さを見せる人が神経症になると考えていた。戦争神経症も例外ではなく、すべての神経症には弱者の存在があると考えた。弱者は「大多数の人の考え」に自分を適応させることができず、神経症の形を取った攻撃的な態度を取るようになる（ホフマン、前掲書）。このように考えれば、すべての神経症の中に戦争神経症も含まれることになる。

アドラーが戦争を不毛であるとして、戦争を始めた政府を批判するようになったのは後のことである（ホフマン、前掲書）。私はその時もなおアドラーが同じ考えであったとは考えられない。神経症者は課題を前にしてそこから逃れようとする。戦争神経症者の場合、直面する課題は戦争である。そこから逃れることができない課題と、逃れることが許される（あるいは、逃れなければならない）課題の区別があってしかるべきではないか。

実際、アドラーは戦後になって共同体感覚が誤用されたことを非難した（*The Individual Psychology of Alfred Adler*）。そして、戦闘員や兵役を志願した人に罪を着せようとすることは誤っているといっている。

他方、戦争でもう既に負けたと半分思っているのに、軍隊の最高指令官が、なおも何千という兵士を死へと駆り立てたことを共同体感覚の誤用の例としてあげている。司令官は当然、国益のために行ったという立場を主張し、そのことに同意する人もあるだろうが、アドラーは「たとえどんな理由をあげるにしても、われわれは、今日、彼を正しい仲間と見なすことはほとんどないだろう」（『性格の心理学』）といっている。

アドラーは、神経症の患者が回復すると彼を再び戦場に送らなければならなかった。そうすることは、患者を殺すことになるが、自分はあくまでも軍医としての職務に忠実であるという考えに「酔いしれた」。アドラーはある夜、こんな夢を見た。

「私は、ある人が危険な前線に送られないように多大の努力をしていた。夢の中で、私は誰かを殺したという考えが思い浮かんだ。しかし、誰を殺したのかはわからなかった。私は「誰を殺したのであろうか」と思い悩んで、精神状態が悪くなった。実際には、私はその兵士が死なないように、彼をもっとも有利な部署に就かせようと可能な限りの努力をしたという考えに酔いしれていただけなのである。夢の中の感情は、この考え方を促すことを意図していたのだが、夢が口実であることを理解した時、私はまったく夢を見なくなった。なぜなら、〈夢によるのではなく〉論理にもとづけば、何かをする、また、しないために、自分を欺く必要はなくなったからである」（『個人心理学講義』）。

夢ではなく論理で考えられるようになったアドラーは、共同体感覚という場合の「共同体」、あるいは先に見た全体の一部という場合の「全体」を現実の共同体と混同しないで、戦争神経症、及び、戦争神経症者の処遇について、冷静に論理的に判断できるようになった。

通常、人は複数の共同体に所属している。現に所属している直近の共同体の利害がより大きな共同体の利害とは相容れないとすれば、より大きな共同体の利害を優先するべきである。戦争神経症の兵士の処遇を決めなければならない時、国家を超えるレベルの共同体のことを考えれば、ただ病が癒えたからといって兵士を戦場に戻すわけにはいかないだろう。

そうなると、共同体の要求、即ち、今のケースでは国家のために戦うべしという要求に否と答えなければならないこともあるということである。既に見たように、アドラーのいう共同体は現実の共同体ではないので、国家の命令に従うことを無条件に善であるとするというようなことは共同体感覚とは何の関係もない。

アドラーの友人で作家のフィリス・ボトムは、アドラーに会う前は「ソクラテスのような天才」を期待していた（ホフマン『アドラーの生涯』）。実際に会ってみると普通の人でしかなく、特別なことを何も話さないアドラーに深く失望したが、アドラーが戦争について語るのを聞いた時、ボトムはもはやアドラーを普通の人とは思わなくなった。

私はアドラーの戦争についての見解を知った時、ソクラテスの次のような話を思い出さないわけにはいかなかった。紀元前四〇四年、アテナイが降伏し、二十七年間続いたペロポネソス戦争が終わった。その直後に反民主派の三十人政権が樹立された。この政権の主要メンバーはプラトンの縁者たちだったので、この時二十三歳だったプラトンにとって政治に参加する絶好の機会が訪れたかのように見えた。

ところが、この政権はスパルタの勢力を後ろ盾に独裁政権になってしまった。反対派やその疑いのある人を次々に捕らえて処刑する恐怖政治になったのである。三十人政権は、ソクラテスを他の四人とともに呼び出し、サラミスのレオンという無実の人を処刑するべく強制連行するように命じた。この時、ソクラテスはどうしたか。他の四人はサラミスへ行ってレオンを連れてきたが、ソクラテスはこの不正な命令に従うことを拒否して、家へ帰ってしまったのである。

「私は言葉によってではなく、行動によって、もしも乱暴ないい方にならないのなら、死は私には少しも気にならないが、不正や不義は決して行わないということにはあらゆる注意を払っているということを示したのです」（プラトン『ソクラテスの弁明』）

三十人政権は翌年民主派の武力抵抗団によって崩壊するが、もしもすぐに崩壊していなかったら、自分は殺されていただろう、とソクラテスはいう。時に誤解されることがあるが、ソクラテスは国家の命令であれば何も考えないで従ったわけではないのである。

こうしてアテナイに民主政体が復活するのだが、他ならぬこの民主派の有力者であるアニュトスを後ろ盾とするメレトスによってソクラテスが告発された。そして、裁判の結果、死刑に処せられた。亡命の悲運に遭い民主派の味方であったレオンを命を賭けて守ろうとしたソクラテスが、である。正義の人だったソクラテスが国法の名において処刑された。ソクラテスが「不正や不義は決して行わない」という時の「正義」は、国家の正義ではなかった。ソクラテスは自分が所属する国家の法律を遵守することが何よりも重要なことであるとはいっていないのである。

アドラーが戦争神経症を病んだ兵士を戦争という課題から逃れるために発症したとは見なくな

ったであろうように、不当なパワハラに苦しむ人、また原発事故によって長年住み慣れた故郷から追われることで心を病む人を課題から逃れようとする弱者と見なすことはできない。アドラーが今の時代に生きていれば、レオンを守ろうとしたソクラテスのように、根底にある不正と闘うであろう。

## レゾナンス

さて、本章で見てきたように他者は自分と同じ自由意志を持った存在なので、力で支配することはできない。さりとて、自分を無にして人に合わせるのではない。自分と他者は無関係ではなく、他者との関係を離れて人は生きることはできない。誰をも支配せず、支配されず、自分のままでいながら、他者と関わることはできないだろうか。

他者に強制できないことがある。愛と尊敬である。自分を愛しなさい、尊敬しなさいと強制することはできない。自分が他者から愛され尊敬されるに値するような人になろうと思ってしかるべくふるまうことはできるが、それ以上のことはできない。他者が自分をどう見るかということは、先に見たように、自分の課題ではなく他者の課題なので他者に自分を愛させることも尊敬させることもできない。強制するという形では他者と関われないのであれば、どのように他者と関わることができるのか。

森有正は次のようにいっている。

「リールケの名は私の中の隠れた部分にレゾナンスを引き起こし、自分が本当に望んでいるものは何であるか、また自分がどんなに遠くそれから離れているかを同時に、また紛らわせようもなく、明確に、感得させてくれる」（『旅の空の下で』）

ここで、森がリルケの自分への影響の与え方が「共鳴」（レゾナンス、私の内部の共鳴）であるといっていることにヒントがある。即ち、支配、被支配ではなく、二人が完全に自立したままで、相手の中に共鳴を引き起こすのである。

後に勇気づけについて見るが、勇気づけは、この日本語から連想されるように勇気を他者に与えることではない。アドラーは、勇気は自分自身が勇気がある人からだけ学ぶことができるといっている（*Adler Speaks*）。勇気のある人が他者にレゾナンスを起こすのである。これがアドラーが「勇気は伝染する（contagious）」ということの意味である（*ibid.*）。

### 対等の関係

レゾナンスが起こることが可能になる他者との関係は、対等で横の関係である。アドラーは完全に対等であると感じることは困難だといっている。

「仕える人と支配する人に区分することを頭から追い出し、完全に対等であると感じることは、今もなお困難である。〔しかし〕このような考えを持つということが既に進歩である」（『性格の心理学』）

「完全に対等であると感じることは、今日でもなお困難である」というアドラーの言葉が今も妥当するのは悲しむべき現実であるが、「このような考えを持つということが既に進歩である」というのも本当である。

「男性と女性の共生は、男女のどちらも服従することがない仲間関係、労働共同体でなければならない。そのことが、たとえさしあたってはまだ理想であっても、少なくともいつも、人がどれほど文化的に進歩しているか、ないしは、それからどれだけ遠いか、そして誤りがどこで始まったかを知る基準になるだろう」（前掲書）

アドラーは早くから対等な人間関係が重要であることを指摘していた。今日、男女は対等であるということは誰もが当然のことだと思っているだろう。しかし、それでも意識面でなお男性が女性よりも上であると考えている人は多いように見える。あからさまに男女は対等ではないといわないまでも、言動から対等でないと考えていることがわかる。まして、大人と子どもは対等であると見ている人は少ない。職場でも上司が部下よりも上であると思っている人は多い。いずれの場合も知識、経験、取れる責任の量が違うだけであって人間としては対等である。対等であるということが理屈としてではなく、感覚としても身についているのでなければ、アドラーがいっていることのすべてが無効、それどころか有害なものになる。アドラーは次のようにいう。

「一緒に仲良く暮らしたいのであれば、互いを対等の人格として扱わなければならない」（『人はなぜ神経症になるのか』）

「われわれは子どもたちを友人として、対等な人として扱わなければならない」(『子どもの教育』)

アドラーは「さしあたってはまだ理想」であるといっているが、現実がどうであれ、アドラーがいう対等という理念、理想が正当であるなら、日々の生活において対等の関係を実現するべく努力する必要がある。

支配しようとする人の問題もさることながら、自分を支配しようとする人があってもそのことをよしとしてはいけないし、まして進んで卑屈になって服従するようなことがあってはならない。

アドラーはこのようにいっている。「誰にもつまらないことに感謝し、絶え間なく自分が世界にいることにいい訳をする人がいる」(『性格の心理学』)。「絶え間なく自分が世界にいることにいい訳をする人がいる」というアドラーの言葉を読むと、私は太宰治の『二十世紀的旗手』のエピグラムに使われている「生れて、すみません」という言葉を思い出す。誰もが何かを達成したからではなく、生まれてきたこと、今ここで生きているということ自体に価値がある。いい訳などしなくていいのである。

# 第六章
# メメント・モリ――老い、病気、死

人は死すべき存在である。そのことは誰もが知っているはずだが、死ぬことなど少しも意に介さないで生きているように見える人は多い。本章では死に先行して人が経験する老いと病気から始め、それらがただ忌むべきこと、人生に影を落とすものではないこと、このように思えるにはどう考えればいいかを見たい。

## 人は不死ではない

小学生の時、祖母、祖父、弟を次々に亡くした。そのことがきっかけになって、それまでまったく意識することがなかった死を強く意識するようになった。今は意識があって、考えたり感じたりできるが、もしも死ねばすべてが無になるとすれば、生きている間にどんなに努力しても、いいことをどれほどしても意味がないではないか、自分という人間がこの世に生きていたことすらわからなくなるのではないか。こんなことになるのがわかっていながら、人が生きることには意味があるのか、あるとすればその意味は何かというようなことを、まだこの問題を考えるために必要な知見をどこからも誰からも得られないままに考え抜いた。

## 老いを免れることはできない

若い時は老いるということがどんなものかを想像することは難しい。ある日、いつまでも若いと思っていた親が老いたことを知る。自分もまた親と同じように老いるということは頭ではわかっていても実感できない。今日、明日にたちまち老いることはないからである。

若い人でも、病気になればいわば急激な老化を経験するが、身体能力などの喪失感として現れる病気の時の老いは、多くの場合、一時的であり、回復すると消える。しかし、普通の意味での老いは元には戻らない。自分ではいつまでも若いと思っていても、歯が弱ったり、小さな字が読みづらくなったりする。そのようなことを経験すると自分が老いたことを否が応でも意識しないわけにいかなくなる。このような身体の衰えの他に、物忘れがひどくなるというようなことは、生活にたちまち支障をきたす。

## 価値をめぐる問題

しかし、身体や知力の衰えが生活に支障をきたすことはあっても、老いそのものはそれほど大きな問題にならないかもしれない。老いることで自分の価値が低下すると考えることが問題である。

職責の上下が人間の価値の上下であるかのように見なされる社会においては、定年を迎え仕事から離れると、失意の日々を過ごすことになる人は多い。アドラーがいうように、仕事の価値は人を評価する時にほとんど決定的だからである（*Über den nervösen Charakter*）。

仕事こそが自分の価値を証明すると考えている人は、仕事から離れると、もはや自分が必要とされないのではないかと考え、子どもがいうことを何一つ断らないようになるか、がみがみいう批評家になる（『子どもの教育』）。

所属感は人間の基本的欲求ではあるが、人が所属するのは長年勤めてきた会社などの組織だけではないはずなのに、どこにも所属していないことの不安は大きくなる。そんな「無所属の時間」を「人間を人間としてよみがえらせ、より大きく育て上げる時間」（城山三郎『無所属の時間で生きる』）と思えるのは簡単ではないかもしれない。

このように人間の価値を何かができる、できないという生産性ではかることを常としてきた人、生産的であることだけが価値があると考えて生きてきた人には、年老いてできなくなったことが多くなってくると、そのような現実を受け入れることができなくなる。

身体が衰えたり、加齢に伴って物忘れがひどくなると生活に支障が出てくるようになる。そうなると、自分を過小評価し、強い劣等感を生む（*Über den nervösen Charakter*）。劣等感は本来、劣っているという感じであり主観的なものであるが、老化は主観的な感覚とはいえないところが問題である。

若さと美にしか自分の価値を認めてこなかった女性も、更年期になって「人目を引く仕方で苦しみ、またしばしば自分に不正がなされたかのように、敵意のこもった防衛態度を取って不機嫌になり、さらにはこの不機嫌からうつ病になることもある」とアドラーはいっている（『生きる意味を求めて』）。

## 老年は不幸の原因ではない

もしも加齢と共に誰もが自分の価値が失われたと思い不幸になるのであれば、老いは不幸の原因であるといえるだろうが、実際には老いても格別不幸であるとは見えない人がいる。それどころか老いていよいよ元気で、日々楽しく生きる人も多い。
「身体が速やかに衰えたり心が動揺することは、〔死ねば〕完全に消滅することの証拠であると恐れる人は多い」（前掲書）
後に死がどのようなものであるかについて考察するが、避けることができない老い、病気、死にどう向き合うかはライフスタイルによって異なったものになる。
若い人でも病気になるが、老いると病気になりやすく、致命的なものにもなりうるので、老いは病気や死の問題とも密接に関わる。そのうちの一つだけが、他のこととは違うふうに対処されるとは考えられない。対処の方法は人によって異なるが、同じ人は、どの問題にも同じ仕方で対処する。

## 貢献感を持つ

どうすれば、もはや若くなく仕事が以前のようにできなくなることや容色が衰えることを嘆かず、なお自分に価値があると思えるだろうか。

アドラーは「六十、七十あるいは、八十歳の人にすら仕事を辞めるように勧めてはいけない」といっている（前掲書）。アドラーの時代であれば、これは新しい考えに見えただろうが、今日であればそれほど新奇な考えとはいえないかもしれない。

アドラーは、老人のまわりにいる人が、老人から仕事を奪わないようにといっているのだが、まわりの人がこのような配慮をしなくても、他ならぬ自分が自分に価値があると思えるために、失われた若さを嘆くのではなく、何らかの形で貢献することが、老年期の危機を乗り切るために必要である。

しかし、自分の価値を若い頃と同じようにまわりの人にわからせようと躍起になることはない。何かを証明しないといけないと思った時は既に行きすぎなのである。自分に価値があると思えるためには貢献感が必要であるが、貢献は必ずしも何かをすることによる貢献でなくてもいいことは既に見た通りである。もはや若い頃にできたことが今できなくなったとしても、行為で他者に貢献できなくても、自分の価値がいささかも減じたわけではない。

キケロがこんなことをいっている。

「今、青年の体力が欲しいなどと思わないのは、ちょうど、若い時に牛や象の力が欲しいと思わなかったのと同じだ。あるものを使う、そして何をするにしても体力に応じて行うのがよいのだ」（『老年について』）

この言葉は、アドラーが、大切なことは何が与えられているかではなく、与えられるものをどう使うかだといっていることを想起させる（『人はなぜ神経症になるのか』）。

病気になった時も、老いる時と同じことが起こる。身体を動かせなくなったり、まわりの人の世話になるばかりになったりしても、なお自分に価値があると思えるのには勇気がいる。

## 病気の受容

病気になるのは老年に限らない。若くてもいつでも病気になりうる。現に病気であればいうに及ばず、病気になるのではないかと恐れることも生きる喜びを奪うことになる。一体、人が病気になるとはどういうことなのか。

オランダの精神病理学者、ヴァン・デン・ベルクは次のようにいっている。

「ほんとうに健康な人間は傷つきやすい身体をもち、その傷つきやすさに彼自身気づいている。このことは、一種の反応性［responsibility 責任］を作り上げるがその反応性は決して当然ではない」(『病床の心理学』)

ここで「反応性」の後に「責任」と書いてあることには説明がいる。いずれも原語は **responsibility** であり、その意味は **response + ability**、つまり「応答する能力」である。壊れた花瓶を前にして「これは誰が壊したのか」と問う人に、「私がしました」と応答することが花瓶を割ったことの責任を取るということである。他方、応答しない人は無責任(つまり無応答)な人である。

今は身体からの呼びかけが問題である。身体からの呼びかけがあっても、それに応じることを怖いと思う人は、呼びかけに耳を塞いでしまう。身体からの呼びかけに耳を傾け、それに従うことが病気を受容することである。

生涯、一度も病気にならない人はいない。病気とは無縁に生きてきたと思っている人でも、既に病に冒されていることに気づいていない。あるいは、気づいていても大きな病気の前兆であることを認めようとはせず、その結果、ある日突然、病に倒れたように見えることはある。

このようであるから、ある日、突然病に倒れたように見えても、実際には、それまで身体が語りかける言葉に耳を傾けてこなかったのである。私の母は四十九歳で脳梗塞になって亡くなったが、前駆症状がなかったわけではない。毎月、一度は嘔吐を伴う激しい頭痛があったにもかかわらず、更年期障害だといって受診を拒んだ。

私は五十歳の時に心筋梗塞で倒れた。倒れる前、駅まで歩いて行くのにいつもの倍かかるようになった。これは明らかに異常なのだが、運動不足で筋力が衰えてしまったのだろうと考えた。

これが誤った解釈、身体の不調についての誤った意味づけであったことは心筋梗塞で倒れた時にわかった。病気であるという現実に直面しないために、身体の訴えを無害な解釈にすり替えていたわけである。

先にも見たが、ふと誰かの視線を感じて目を上げたら自分を見ていた人がいたという場合、相手が先にこちらを見ていたから目が合うのである。同様に、身体の呼びかけに応えることができても、そうすることは遅れる。それゆえ、病気になったことに気づくことが遅れたからといって自分を責める必要はないが、できるものなら早く気づきたい。過敏になったり強迫的になったりする必要はないが、日頃、どんなに健康であっても、病気になりうるということを常に知っておき、身体の声に耳を傾ける用意をしていれば、気づきは早くなるだろう。

## 病気からの回復

心筋梗塞で倒れたが、私は、幸い、一命を取り留めることができた。ある日、看護師さんがこんなことを私にいった。

「ただ助かったで終わる人もあるのですけどね。お若いのですから、ゆっくり休んで、もう一度生き直すつもりで頑張りましょう」

「助かった」ですませてしまえば、危機を脱してしまうと、また元の生活に戻ることになってしまう。死ぬかもしれない経験をした人でも、その経験から何も学ばない人はいる。

回復とは病気の前とまったく同じ健康な状態に戻ることではない。病気の前も健康ではなかったかもしれないし、元に戻りたいと思っても戻れない病気もあるからである。病気になること自体に意味があるとは思えない。病気になりたくてなる人はない。病気になってよかったことがあるとしても、病気になった本人はそういっていいが、病気になった本人以外の人がいってはいけないと思う。病気の渦中にある人にはどんな言葉も慰めにはなりえないからである。他の人には決していってはいけない。このことを押さえた上で、病気から回復することがどういうことなのか、病気の経験から何を学べるかを考えたい。

## 身体との新しい関係

心筋梗塞で倒れたが一命を取り留めた私に心臓リハビリが待っていた。心臓リハビリとは、いきなり身体を動かすと血管壁が破れることもありうるので、運動に関していえば、少しずつ歩く距離を伸ばしていき、最終的には「平地歩行」だけではなく、階段の上り下りをして機能を回復させるプログラムである。

リハビリは、しかし、ただ機能の回復訓練を意味するものではない。リハビリ（rehabilitare）という言葉のもともとのラテン語の意味は、元へ戻すというよりは、再び（re）能力を与える（habitare）ということである。

問題はその能力とは何かということである。リハビリがただ機能回復のためにするのであれば、その見込みがなければリハビリを打ち切られることになってしまう。しかし、たとえ目に見える形で機能を回復することが困難であっても、リハビリをやめることの理由にはならない。

脳梗塞で倒れた免疫学者の多田富雄は、ある日、突然ひらめいたことがあったという（『寡黙なる巨人』）。手足の麻痺は脳神経細胞の死によるものだから決して元には戻らない。もしも機能が回復するとしたら、神経が元通りに回復したのではなく、新たに創出されるのである。そのことを多田は、もう一人の自分、新しい自分が生まれてきたのだという。今は弱々しく鈍重だが、無限の可能性を秘めた新しい人は多田の中で胎動していた。それは縛られたまま沈黙している巨人だった。新しい人が現れる。元の自分は回復しないが、新しい生命が身体のあちこちで生まれつつあることを多田は楽しんだ。

病気になって失うものは多い。しかし、回復困難な時も、この新しい人の創出は可能である。目覚めた新しい人を再び眠らせない努力は日々必要である。

## 仲間の存在

病気になった時、病気の経験がなければ気づかなかったかもしれない「仲間」の存在に気づくことができた。当時、私は二つの学校で講義をしていた。入院していたことを連絡すると、一つの学校からはたちまち解雇された。いつ回復するかわからない私の復帰を待てないということだったのだろう。もう一つの学校に連絡すると「どんな条件でもいいから必ず復帰してほしい」といわれた。その時点ではなおどうなるかわからなかったが、また教壇に立ちたいと思った。

私が入院したことを知って多くの友人たちが見舞いにきてくれた。多忙なのに遠路はるばるきてもらえたことを申し訳なく思ったが、生きていてよかったと思った。妻は毎日病院にやってきてくれた。病気になることにも意味があるという人に反発して、病気になることにいいことなどあるものかと思っていたが、考えを改めたのは私の回復を願ってくれる人がたくさんいることに気づいたからである。

## 病者の他者への貢献

それでも、たくさんの人に迷惑をかけているという思いにつきまとわれた。

ところが、ある日、こんなことに思い当たった。もしも逆の立場であれば、友人が入院したことを知れば取るものも取り敢えず見舞いにかけつけるだろうし、そのことを大変なことだとは思ったりはしない。見舞いに行って迷惑そうな顔をされたら、さっさと引き上げるかもしれないが、見舞いに行くかどうかは見舞う人が決めることである。見舞いに行く、行かないは、入院している病者には決められないということである。

さらに、病気のためにたとえ何もできなくても、生きているということで貢献できることに思い当たった。見舞いに行く立場でいえば、どんな状態であっても生きていることを知れば喜びになる。私が生還できたことを喜んでくれる人が多かったことは意外だったのだが、何もできなくても私のことをそのままで受け入れてくれる人がいることを知ったことで、後に私は、人の価値は行為ではなく、存在にあると考えられるようになった。

当時高校生だった娘は毎日母親に代わって夕食を作った。どんなきっかけであれ、夕食を作ることで貢献感を持てたとしたら、私は娘が貢献感を持てたことに貢献したといえるだろう。無論、私がこのようなことを考えることには抵抗があったが、ただ他の人に迷惑をかけているという思いから脱却することができた。

私が病気で倒れる前、離れて暮らしていた父はよく電話をかけてきた。父はいつも身体の不調を訴え、その声は力なく弱々しかった。ところが、私が病気になってからは、父の声に力が漲《みなぎ》るようになった。一年後、私は冠動脈バイパス手術を受けた。退院の日が決まった時、父が車で迎えに行くといいだした。結局、私はその申し出を断ってしまったが、今から思うと、父が自分の病気を忘れたかのように元気になったのは、病気になった子どもに貢献できるという思いからだったのだろう。

やがて、私は自分の病気のことに注意が向いてしまい、父のことをあまり考えないようになってしまった。父の方も以前は自分の病気のことでよく電話をかけてきたのに、連絡が間遠になってしまったのは、私の病気のことを考えて電話をかけるのを遠慮したのかもしれない。そうこうする間に父の認知症が進行していたことに気づいたのは、術後一年ほど経ってからのことだった。

私は、父にただ心配をかけただけではなかったのである。父の生きる意欲をかき立てたとさえいえるかもしれない。病者はたとえ行為の次元では何もできなくても、病者に接する人が何らかの形で貢献感を持つことができれば、十二分に貢献しているといえる。

## 無時間の岸辺

ベルクは次のようにいっている。

「あらゆることは時間とともに動いてゆくが、患者は無時間の岸辺に打ち上げられるのだ」(『病床の心理学』)

病気になると、明日は今日の延長ではなくなる。予定をすべてキャンセルしなければならなくなる。明日すらどうなるかわからなくなるので、患者は見舞客が「病気の早期回復を支持する議論で患者に有無をいわせない」(前掲書)ことを喜べない。見舞いにくる人は、もちろん悪意があるわけではないが、きっとすぐによくなるというようなことをいうからである。

病者は病気になる以前は見えなかったことが見えるようになる。ベルクはいう。

「人生をもっともひどく誤解しているのは、だれだろうか。健康な人たちではないか」

病気になった最初の頃は、明日はこないかもしれないと自分の置かれた状況について否定的に見るかもしれない。しかし、患者には見えるが、医療者も含めてまわりの人には見えないことがある。健康な人が明日はこないかもしれないのに明日が必ずくると思っているとしたら、健康な人こそ人生を誤解しているのである。

明日がこないかもしれないのは、患者だけではなく、誰にとっても同じである。明日の自明性が崩れることには肯定的な側面がある。病気になると時間についての見方が変わるのである。

明日を待たなければ人は強くなれる。不治の病にかかった人や老人が、はたから見れば生きている間には到底実現できそうにないことに着手することがある。常識的な人は、そのような無謀、無思慮に見える企てを止めようとする。しかし、病人や老人がなぜそのようなことをしようと思うかに注目したい。彼らには着手することが重要なのであり、何かを完成させることは最終的な目標ではないのである。このことについては最終章で考察する。

## よく生きる

これから生きられる時間の長短が生のあり方を変えたりはしない。心筋梗塞などは、発症から死に至るまでの時間がわずかだが（もちろん、治癒しうる病気である）、死期がある程度予測できるような病気であれば、残された時間にできることに優先順位をつけられるかもしれない。しかし、本当に重要なことを先送りしないことは、死に至るであろう病を告知されようとなかろうと必要なことである。

死について後に考察することを少し先取りするならば、死がどういうものか、これから残された生が長かろうが短かろうが、そういうことが少しも気にならないような生き方をしたいものである。

ソクラテスは「これから生きるはずの時間をどうすればもっともよく生きられるかを考えなければならない」といっている（プラトン『ゴルギアス』）。

この言葉は、次のよく知られている別のソクラテスの言葉に対応している。

「大切にしなければならないのは、ただ生きることではなく、よく生きることである」（プラトン『クリトン』）

アドラーは「人生は限りのあるものであるが、生きるに値するものであるには十分長い」といっている（『子どもの教育』）。ただ長く生きるだけでは、このようには思えない。長く生きることは、それだけでは人生を生きるに値するものにすることはできない。

## 死を初めて意識した頃

人が生きていく時に避けて通ることができないのが、死の問題である。死についてほとんど意識しないで生きる人も、病気になった時には死を意識することになる。どんな病気であっても、そのために死ぬ可能性がまったくないとはいいきれないからである。たとえ、病気にならなくても、事故や災害に遭うことも当然ありうる。人生が最後には必ず死を迎えるという事実は、人の生き方に影響を与えないわけにはいかない。

生きている間に、他者の死を目にすることはある。しかし、それはあくまでも、いわば三人称の死であって、私の死、一人称の死ではないので、人は死ぬものだと知っていても、自分だけは死なないとどこかで思っていないだろうか。

死とは何かという問いへの対処法の一つは、その問いに答えようとすることをやめることである。答えがない、あるいは、少なくとも答えることが困難なことについては考えるのをやめるのである。しかし、考えないでおこうとするには、死とは何かという問いは圧倒的な力で私に迫ってきた。

先に小学生の時に、祖母、祖父、弟を次々に亡くしたことを書いた。気分が沈み、何もする気にならず、生きる気力をすっかりなくした日々が続いた。それなのに、まわりの大人たちはなぜ死などないかのように笑って生きていられるのかと私は思わないわけにはいかなかった。

アドラーは、医療者の多くが子どもの頃、死や病気を身近に体験していることを報告している。私の場合、死について考えて何も手に付かない状態が続いたが、やがてそこから脱却し、死とは何かを教えてくれる学問を探し始めた。最初、それは医学だと思っていたが、そうではないことに気づくまでには時間がかかった。哲学に出会ったのは高校生になってからのことだった。

## 生の一部としての死

ギリシアの哲学者、エピクロスはいっている。

「死は、もろもろの悪いもののうちで最も恐ろしいものとされているが、じつはわれわれにとって何ものでもないのである。なぜなら、われわれが存在する限り、死は現に存せず、死が現に存するときには、もはやわれわれは存在しないからである」（『エピクロス　教説と手紙』）

先にも見たように、他者の死を目にすることはできるが、「私の」死を他者の死を目にするように経験することはできない。私は自分の死を死んで初めて「私の」死を体験するのであり、今、生きている間には、死は存在しない。生と死は相容れない。

しかし、それにもかかわらず、死を怖いと思うのは、死を予期するからである。生きている間は死そのものを経験することはできないが、他者の死を見れば、やがて自分もまた死ぬということを知らずにはいられない。

しかも、その死がどういうものかは誰も知らない。臨死体験をしたという人はいるが、臨死（near death）は死の近くに行くことであっても、死そのものではない。死を実際に経験した人が死ぬのは決して怖いことではないと報告することがあれば、死を恐れなくてもよくなるかもしれないが、現状はそうではない。

その上、死は不可避であるということを理屈ではわかっていても、自分だけは死なないと思っている。たとえ瀕死の重傷を負っていても、なお必ず救われる、死なないという希望を持つものである。心筋梗塞で病院に搬送された私は、死ぬというのは寂しいものだとは思ったが、それでも一縷《いちる》の望みは間違いなく持っていた。

後に見るように、生と死とは絶対的な差異がある一方で、死は生の一部である。死のない生、死について死ぬ瞬間まで考えないですむような生はありえないからである。

## 不安の意味

死を思って不安になる人は多いが、その不安や怖れを人生の課題を回避するための口実にすることがある。こんなことなら死んだ方がましだという人がいる。もっと漠然と生きづらい、生きているのがいやだという人もある。そのようにいう人の目的が何かは明らかだろう。アドラーは次のようにいっている。

「興味深いのは、この解釈を確かめるように、これらの人が、しばしば好んで過去や死のことを考えるということである。過去も死もほぼ同じ作用を持っている。過去のことを考えることは、自分自身を「抑圧する」目立たない、それゆえ、非常に好んで用いられる手段である。死や病気を怖れることはどんな仕事もしないですませるための口実を見つける人において起こることも稀ではない。あるいは、彼らはたしかにすべてが虚しく、人生はあまりに短いこと、あるいは、何が起こるかを人は知ることができないことを強調する」（『性格の心理学』）

このように死や病気を怖れることが「どんな仕事もしないですませるための口実」になる。課題の達成が困難であると思い、失敗することによって自尊感情（プライド）、威信を失うことを怖れる人は課題に取り組まないことがあるが、課題に取り組んで失敗したために引き起こされるショックがあまりに大きいと、人は自らの手で死を選ぼうとする。

しかし、このような場合、その人が望んでいるのは、死ではなく、自分が直面する課題を放棄することを意味している、とアドラーは分析し、人生の課題を回避するために持ち出される口実を「人生の嘘」と呼んでいる。

人生の課題に立ち向かえないと思うほど勇気をくじかれている人を、何とかして援助したい。しかし、実際には、死にたいといい始めた人の力になることはきわめて難しい。アドラーは「治療より予防が大切だ」といつもいう。希死念慮を持ち始める前に自分に価値があると思い、そう思うことで課題に取り組む勇気を持てる援助をしなければならない。

以上見たように、課題の解決から逃れるための死の問題が解決されたとしても、人が死すべき存在であるという事実は動かすことはできない。これまで死ななかった人は誰もいない。このことはある意味で救いであるといえる。他の誰も死なないのに、自分だけが死ぬとしたら怖いだろうが、誰もが例外なく死ぬからである。

それにもかかわらず、死を怖いと思い、その恐怖から逃れることができないとしたら、そのような怖れは、人間が人間であることに由来する問題である。

## 死を無効化しない

死の怖れから逃れるために、死を無効化することがある。死はこの人生から別の存在の次元へと移行することにすぎないと考え、本当は死な〈ない〉と理解するわけである。生きている時とはあり方は変わるけれども、死んでも人は無になるわけではなく、何らかの形で残ると考える人もある。

両親を亡くした私はこの考えが理解できないわけではない。できるものなら再会したいと思う。どんな死も別れである以上、悲しまない人はないだろう。まして、理不尽な死である場合、愛する人を亡くした悲しみが耐えがたいものであることは間違いない。

しかし、死を無効化することで悲しみが癒えるとは思えない。死について何か合理的な仕方で説明することが可能でも、そして、その説明によって早い時期に悲しみから解放されるとしても、死は亡くなった人との別れなので悲しいはずなのに悲しみを抑圧することで病的悲嘆と呼ばれる状態になり、感情が鈍麻したり、心的外傷後ストレス障害（ＰＴＳＤ）のような症状が発現することがある。

死は悲しむべきことではないのだ、だから亡くなった人のためにも頑張って一日も早く立ち直ろうというようなことを私は家族を亡くした人にはいわない。死は悲しい、それにもかかわらず立ち直ろうという。悲しいけれど、残された人は生き続けなければならない。いつまでも悲しみに打ちひしがれているわけにはいかない。もしも亡くなった人が何らかの仕方で生者のことを知ることができるとすれば、残された家族が悲嘆にくれていることを喜ばないのではないか。

## 不可抗力なことはある

何かの問題を抱えてカウンセリングにきた人に対して、あなたのせいではなかったというようなことを通常私はいわない。そのようにいえば、カウンセリングにきた人は安堵するかもしれないが、問題は何も解決しないからである。

しかし、災害時に家族を救えなかったというような場合は、どうすることもできなかったことを認めるしかない。自然災害による死は仕方がないというのではない。そんな諦めができるとは思わない。

父の介護をしていた時、決して父が転倒をするなどの怪我がないように万全の注意を払っていたが、夜中に転倒し腰椎を骨折をした。あれほど注意していたのにという思いからしばらく抜け出ることができなかった。不可抗力があることを認め、自分を責めないことが必要である。

## 他者にとっての死

死が死んでいく本人にとってどういうものかはわからない。これについては後に考えたいが、ここでは、他者にとって死がどういう意味を持つかを考えてみたい。

胎児は、その有無によって人かそうでないかを判定する基準（自己意識があるかというようなこと）を満たすかどうかにかかわりなく、母親が胎動を感じれば、あるいは、まだ胎動が感じられなくても、妊娠していることを医師から告げられたら、その時、胎児はもはや「もの」ではなく、人である。

それと同じことが人が死ぬ時にも起こる。亡くなった人の魂が消滅するのか、あるいは、自己意識がなくなってしまうのかというようなことは残された人にとって問題にならない。残された家族にとっては、死がどのようなものであっても、亡くなった人が不死であることにはいささかも影響を与えない。亡くなった人が私の心の中で生きているといういい方がよくされるが、それは文字通りの意味で解することができる。

このように考えれば、亡くなった人のことを一人でも覚えている人がある限り、その人にとって亡くなった人は不死であることができる。しかし、自分のことを忘れないでほしいと願うことはできても、実際にいつまでも覚えていてもらえているかはわからない。

亡くなった人のことをいつまでも忘れないという人はあるが、実際にはかなり難しいだろう。いつまでも悲しみ続けることはできない。日常の生活に戻らないわけにはいかない。ある日、ふと死んだ人のことをまったく考えていなかった自分に気づく。亡くなった人の夢も見なくなる。

ちょうど病気から回復するということが病者への関心が減るということを意味しているように、亡くなった人のことをずっといつまでも忘れないでいるということは実際には難しい。亡くなった人のことを忘れる自分を薄情だと責めることはない。

重松清の小説に、癌で逝った妻が亡くなる直前に書いた手紙を夫が読む話がある（『その日のまえに』）。彼女はその手紙を看護師に託した。夫は妻の死後、看護師からその手紙を受け取った。ペーパーナイフで封を切ると、出てきたのは一枚の便箋。そこには、ただ一言こう書いてあった。

〈忘れてもいいよ〉

## 生の一部としての死

死はそれだけが特別なものとして、生と別にあるわけではない。対処しなければ決して避けられないという意味では、死も他の人生の課題も基本的には同じである。たしかに事態としては、他の課題よりも重いものであることは本当だが、死を迎えるという課題だけに、他の人生の課題とは違ったものとして向き合うことはできない。

死が間近に迫った時、それまでの生き方を大きく変えなければならないとしたら、それまでの生き方に問題があったといえる。

それまでの人生において、ほめられ、承認されることを期待しないで生きてきた人であれば、たとえ来世というようなものがなく、現世では報われなかった分を来世で報われるというようなことがなくても、がっかりすることはないだろう。しかし、ほめられ承認されることを当然と思って生きた人は、死後も自分の善行のゆえにほめられ、承認されることを期待するだろう。

叱られた子どもが問題行動をやめるとしてもただ怖いからでしかない。叱られたり、罰せられることを怖れて生きてきた人は、現世で自分が犯したが発覚しなかったことがあれば、死後も、罰せられるかもしれないという怖れにとらわれて生きることになるだろう。

## 死は怖いのか

死を怖れる人が多いが、死が恐ろしいものとは限らない。ちょうど他者を属性化できないように、死を既知に還元し属性化することはできない。死はあらゆる理解（包摂）を超える。この世界での他者がすべて怖い人でないのと同様、死を必ず怖いものであると捉えることは極論である。死を怖れるのは、何も知らないのに知っていると思うことである。

エピクロスが、死は恐ろしいことではないのだ、なぜなら、われわれが死ぬ前は死は存在せず、死んだ時はもはやわれわれが存在しないからだ、といっていることは先に見たが、エピクロスがいっているのとは違って、死はこの生の中に間違いなくある。死は死を怖れる人にとって予期不安として生の中にある。それは死そのものではないが、だからといって、死についてエピクロスのように考えることは、怖いものを見た時に目をつむってやり過ごそうとする子どものようである。目を閉じて見ても、怖いものが消えるわけではない。

死はあらゆる善きものの中で最大のものかもしれないのである（プラトン『ソクラテスの弁明』）。

「あの世とは、いいところらしい。逝ったきり、誰も帰って来ない」（高山文彦『父を葬《おく》る』）

小説のこのくだりを読んでこんなふうに考えることができるのかと私は驚いた。

「自分にいってきかせるのだ。他人がやりとげたことは、自分にも必ずできるはずだ」（サン＝テグジュペリ『人間の土地』）

このサン＝テグジュペリの言葉を私は国家試験を受ける看護学生に紹介するのだが、死についてもいえるだろう。

「人は必ず死ぬ。逃げることはできない。ならば受け止めよう。それが姉の思想だった」（内山章子「姉・鶴見和子の病床日記」）

内山は兄の鶴見俊輔とこんな会話をしている。

「「死ぬっておもしろいねえ。こんなの初めて」と姉がいい、兄は「そう、人生とは驚くべきものだ」ですって。二人で大笑いしてるの」

私は死をまだ経験していない。しかし、古来、誰もが必ず経験したことであれば、まだ経験していないけれども、最後に残された未経験のこととしてむしろよきものかもしれない、だから、いたずらに怖れなくてもいいのではないか。心筋梗塞で倒れて以来、そのように思えるまでには長い時間がかかった。

しかし、今なお、再発作が起こった時、冷静にいられるという自信はないというのも本当である。「逃げることはできない。ならば受け止めよう」と鶴見はいうが、「ならば」の前と後ろに大きな隔たりがあるといわなければならない。

**死がどんなものであっても**

ともあれ、死がどんなものであるかはわからないが、死がどんなものであるかによって今の生のあり方が変わるというのはおかしいのである。

恋人と充実した時間を過ごした人にとっては、次にいつ会うかは問題にならない。長い時間一緒に過ごしたのに満たされなかったと思う人は、次に会う機会に賭けようとする。だから次に会う約束を別れる前に何としても取り付けなければならないと思う。

しかし、ただ「今」会うことができるだけであって、再会できるかはわからない。今日会えたことは次に会うことの保証にはならない。同様に、今、この人生において満たされていれば、生の後に人を待ち受けている死がどんなものであるかは問題にならない。

若くして亡くなった母のことを思うと、自分のことを後回しにし子どもたちのために生きた人生が報われるのかと思う。ある日、次のようなカール・ヒルティの言葉を読んだ。

「地上で罰が加えられないことがあるのは、われわれの見解からすれば、むしろ、この世ですべての感情が精算されるのではなく、必然的になおそのさきの生活があるにちがいない、という推論を正当化するであろう」(『眠られぬ夜のために』)

しかし、ヒルティがいうように、悪人が罰せられなかったり、善人がこの世で報われないのであれば、だからこそ、そのことは来世があることの証拠であるというような考えに与《くみ》することはできない。証明できないことに希望を繋ぐことは、強い信仰心を持っているのでなければ難しい。

## それでも生きよう

死がどんなものでも問題にならないといっても、ただ一つ確実なことは、死が別れであるということである。亡くなった人には少なくともこの世では二度と会うことはできない。

実際に死ねばこの世で親しかった人と会えるかはわからないが、生きている限り会えないからと死んだ人に会うために自死することはできない。なぜなら、生の直下に死があるとはいえ、生者には生きるという課題があり、生こそ重視しなければならないのであって、死を生より優先することはできないからである。

## 不死の一つの形

死がどんなものかを知ることができなくても、できることはある。

次の世代に役立つようにと木を植えることである。古代ローマの哲学者、政治家であるキケロは、スターティウスの「次の世代に役立つように木を植える」という言葉を引いている（『老年について』）。木を植えるというのは比喩である。今、種を播いても、結果を見られるとは限らない。結果をたとえ見られなくても、後世に何かを残すことが人に不死を約束する。アドラーは次のようにいっている。

「〔人生の〕最後の試練は、加齢と死を怖れることである。子どもという形で、あるいは文化の発展に貢献したことを意識することで自分の不死を確信している人は、加齢と死を怖れることはない」（『生きる意味を求めて』）

別のところでアドラーは、時間は有限で、人の生の最後には必ず死がくるが、その中にあって、共同体から完全に消え去ることがないように願う人に不死を約束するのは、全体の幸福に貢献することであるといっている。そして、このことの例として、子どもと仕事をあげている（*Superiority and Social Interest*）。

内村鑑三は、誰もが残せるという意味で、「最大」の遺物は、お金、事業、思想ではなく、生き方を残すことである。しかも、「勇ましい高尚なる生涯」である、といっている（『後世への最大遺物』）。

自分が不死であるということよりも、「生き方」を残すということが重要である。形として何も残されていなくても、後世の人がその人の生涯を思い起こす時、その人が生涯をかけて伝えようとしたものが理解できる。そうすることが亡くなった人を忘れないということの意味である。

死を怖いものとは思わないからこそ、後世に何かを残そうと思えるのである。死の怖れにとらわれている人は、自分が死んでからのことを考える余裕はないだろう。それは死の怖れのためというよりも、生き方自体が自己中心的だからである。

# 第七章
# 生きづらさの克服

これまでのところで、自分の今の生き方は自分で選んだということ、自分で選んだのであれば、これからどう生きるかを自分で決めることができることを見てきた。そのためにはまず人生や世界について、また自分について従前の見方から脱却する必要があるが、本章においてはこれまで見てきたことを踏まえて具体的にどうすれば生きづらさを克服できるか考えたい。

## 私は悪くないですまさない

あなたのせいではないといわれたら楽になれるかもしれない。あるカウンセラーの本の中に、人のせいにすればいい、人のせいにできなかったから今まで苦しかったのだから、と書いてあるのを読んだことがある。

しかし、もとよりそれではすまないし、他者や、過去に自分がどう育てられたかというようなことに今の生きづらさの原因を求めてみても甲斐はなく、何よりもそのようにすることは自分の責任を曖昧にすることになる。

## 短所でなく長所を見る

先に、アドラーが、

「私は自分に価値があると思える時にだけ、勇気を持てる」

といっていることを見た（*Adler Speaks*）。

ここでいわれる勇気は、対人関係に取り組む勇気、対人関係に入っていく勇気であるが、例えば、赤面症は実は対人関係に入っていかないためのものなので、症状を除去するだけでは治療にはならず、自分に価値があると思える援助をすることが必要である。ところが、多くの人は子どもの頃から自分には価値がないと思い込まされて大きくなってきたので、自分の短所や欠点はすぐにいえても、長所をあげることができなくなっている。

そこで何とかして自分の短所だと思い込んできたことを長所として捉えなおす必要がある。短所と長所が別々にあるわけではなく、短所と見られる資質は実はそのまま長所として活かすことができる。人間の短所をいわば出っ張った角のようなものだとすれば、その短所を取り除いてはいけない。取り除けたとしても、その結果、たしかに角のないまるい人になるかもしれないが、角を削った分、スケールの小さな人になってしまう。短所を矯正すれば、「一角《ひとかど》の人物」にもなれないことになる。

そこで短所だと思われている資質を違ったふうに見たい。例えば、集中力のなさは、同時に複数のことを手がける力があると捉えなおす。また、本を読み始めたが、この本は今の自分には必要ではないとわかった時点でためらいなく読むのをやめられるのは、飽きっぽいのではなく、決断力があると見ることができる。

私は対人関係が上手ではなかったので、そんな自分は「暗い」と思っていた。暗いでは、自分に価値があるとは思えないし、またそんな自分を好きにはなれない。私はそんなふうに考えるようになった。

人からずいぶんとひどいことをいわれ嫌な思いをしてきたが、しかし、少なくとも私は故意に人を傷つけるようなことを人にいったことはない。いつも人の気持ちを考え、自分の言動を相手はどう受け止めるかということに心を配ってきた。そんな自分は、実は「暗い」のではなく「やさしい」といっていいのではないか。

もちろん、自分の言動をあまりに気にかけすぎ、他者の顔色を伺ってばかりいれば、たしかに人から嫌われることはない。いいたいことをいえず、したいことができないというのは本当であるが、人の気持ちをまったく顧みないことがいいとは思えない。

## 貢献で感じられる価値

この短所を長所に置きかえるという方法以外に自分に価値があると思える方法がある。先の引用に続いてアドラーは次のようにいっている。

「私に価値があると思えるのは、私の行動が共同体にとって有益である時だけである」(*ibid.*)

自分は役立たずではなく、何らかの形で自分の行動が共同体(例えば家族)に有益であり、そのことによって貢献できていると思える時、そんな自分に価値があると思えるのである。

アドラーはここで「私の行動が共同体にとって有益である時」という表現をしているが、行動が有益である時に限ってしまうと、生まれて間もない子どもや、自力では身体を動かすことができない病者、さらには介護が必要な高齢者は何一つ貢献できないことになる。しかし、そのような人も、存在そのもの、生きていることそのことで家族に貢献することができる。

介護や子育てに関わった人であれば、介護する人が常とは違って静かに眠っている時にふと生きているか心配になったことや、高熱でうなされている子どもを見た時に、いつもは力が余って付き合うのが大変だが、元気な時の方がいいと思った経験をしたことがあるだろう。生きていることがそのままで喜びであり、子どもや老いた親はそのことで家族に貢献しているといえる。

行動だけでなく、自分が存在するだけで、自分には価値があると思え、そう思えることで対人関係に入っていく勇気を持てるように援助することをアドラー心理学では「勇気づけ」という。

具体的には「ありがとう」や「助かった」と言葉をかけることである。そのような言葉をかけるのは決して次回も適切な行動をすることを促すためではなく、「ありがとう」「助かった」といわれた人が自分に価値があると思え、ひいては対人関係に入っていく勇気を持てるように援助するためである。

このことは自分についてもいえる。この自分が何か特別なことをしていなくても、そのままで価値があると思え、そのような自分を受け入れる勇気を持ちたい。この私がそのままで価値があるのだという基本的な信頼感を持てないと、特別によくなろうとするか、それが果たせない時には特別に悪くなろうとする。「普通であることの勇気」を持ちたい。普通というのは先にも見たように平凡という意味ではない。まず、自分が今のままで価値があると思えることが必要である。そのように思えるためには勇気がいるが、自分についてそのように思える人は他者についても過剰な期待を抱かず、あるいは自分にとって都合のいい理想を見ないで、現実の人と向き合うことができ、他者について細かいことを気にしないで、多様性を受け入れることができる。

自分に価値があると思わない人は、対人関係の中に入っていかないために、自分に価値があると思ってはいけないのである。対人関係という現実の中に入っていくと、傷つくこともあれば、好意を持っている人から振られるというようなこともあるだろう。

しかし、貢献感を持てれば自分に価値があると思えるが、その貢献感は他者と関わらなければ持てない。対人関係は煩わしく悩みの源泉であるが、対人関係の中に入ってこそ生きる喜びを感じられるのである。自分では自分に価値があると思っていない人は「ありがとう」といわれたら驚くだろう。そのように驚くのは自分が他者に貢献しうるということに気づくからである。

このような「ありがとう」「助かる」という言葉を他者にはいいたいが、他者からそのような言葉をかけられることは期待できない。ほめられて育った人は長じても人から何らかの形で承認されることを強く求める人が多い。他者が貢献感を持てるよう援助する「ありがとう」や「助かった」という言葉すら他者からいわれることを期待する人がいる。看護学校や看護大学で長く教えてきたが、そこで出会う看護学生に、なぜ人の生命を預かる看護師になりたいと思ったのかとたずねると、退院する時に患者さんや家族に「ありがとう」といってもらいたいからという答えが返ってくることがある。しかし、もしもＩＣＵや手術室に配属されたら、意識のない患者の口から感謝の言葉を聞くことはできない。感謝されることを期待して看護師になった人は、仕事を続けられるのだろうかと思ってしまう。

## 承認欲求から自由になる

本来他者の貢献に注目する言葉である「ありがとう」ですら、承認欲求が強い人は他者からそういわれることを期待し、そのことを当然のことだとまで思う。「ありがとう」という言葉で、自分がしたことを承認してほしいのである。

小さい頃から親や教師からほめられて育ってきた人は、何をする時も、他者からほめられ、承認されることを願うようになる。ほめられないのであれば、せめて親や教師に叱られることで注目されたいと思った子どもも大人になってから承認欲求が強くなる。

承認されたら嬉しいと思う人は多いが、人は他者から承認されるために生きているのではない。たとえ他者の期待を満たすことができたとしても、他者の人生を生きることになり、自分の人生を生きているとはいえない。

このような承認欲求から自由になれない人は多い。そのような人は誰かから自分のしていることが認められないと、適切な行動をしようとは思わない。子どもは廊下に落ちているゴミを見た時、一瞬、まわりを見渡す。誰か自分がゴミを拾い、それをゴミ箱に捨てるのを見ているだろうか、と思ってである。そのように誰かが見ているかどうかを考えてゴミを拾う子どもになってほしくない。

承認欲求は誰にでもあると一般には考えられている。しかし、承認されることが絶対必要かといえばそうではない。それどころか、承認欲求に由来する問題の方が多い。誰にでもあるからといって、正しいものであるとは限らない。承認欲求のどこに問題があるのか、どうすればこの欲求から自由になれるのだろうか。

## 承認欲求は貢献感があれば消える

「ありがとう」といわれないことも含めて、承認されないことは日常生活の場面でいくらでもある。

生まれて間もない子どもは親がどれほど世話をしても、そのことに対して「ありがとう」といってくれるわけではない。子どもは親が援助しなければ生きていくことはできないので、子どもから感謝されようがされまいが子どもの世話をしなければならない。子どもが感謝しないからといって子どもの世話をしないという人はいないだろうが、承認欲求の強い人にとっては子育てはつらいものになるだろう。

認知症の父を介護をしていた時、父が思いがけず「ありがとう」といってくれたことがあった。その時、私は驚き嬉しく思ったが、父がいつも「ありがとう」といってくれるわけではなかった。しかし、「ありがとう」といわないからといって、父に腹を立てるいわれはない。感謝されるために介護をするわけではないからである。時折父の怒りが爆発するのでそのことで動揺し、翌日は父の顔も見たくないというようなことはよくあったが、私自身が病気をしたために外での仕事量を減らしていたので、父の介護をできたことはありがたいことだと思った。ぶつかることがあっても、父から「ありがとう」といわれなくても、父の介護をすることで貢献感を持つことができた。子育て以上に介護は承認欲求の強い人にとってはつらいものになる。

「ありがとう」ですら、もしも自分の行動に対して必ずいってもらえないと満足できないとすれば、承認欲求と同じになる。貢献感を持てれば「ありがとう」といわれることを期待しなくなる。自分がしたことが誰かに気づかれる必要はない。

承認欲求は貢献感があれば消える。自分が行ったことで貢献感を持てれば誰からも認められなくても気にはならない。仲間に貢献しているからこそ認められなくても気にならないが、もしも他者を仲間ではなく、敵だと思っていれば、自分がしていることが誰にも認められない時、犠牲を強いられていると思うであろうし、敵だと思っているのに自分は他者に貢献していると思うのは偽善であろう。

ここで「貢献感」という言葉を使うのにはわけがある。何か特別なことをする時にだけ貢献できると考えれば、貢献することは多くの場合困難なことになるが、そうではなく、たとえ何も目に見える形で貢献していなくても、自分が生きていることが他者に貢献していると感じられるようになりたいからである。その上で、行為でも貢献できる人はそうしたい。決して、貢献していると感じられたらいい、自己満足すればいいということではないのである。

承認欲求は他者に依存するが、貢献感は承認する他者に依存しない。他者が承認する、しないにかかわらず、貢献感を持つことはできるからである。自分が他者の期待を満たすために生きなくていいように、他者もこちらの期待を満たすために生きているわけではないので、適切な行動をしてもそれを認めない人がいるからといって、そのことについて腹を立てるいわれはない。

また、承認されたいと思うと、他者の価値判断に自分を合わさなければならず、他者が自分をどう見るかということにばかり気を取られることになるので、不自由な生き方を強いられることになる。

しかも、不自由な生き方を強いられるのは、他者の価値判断に自分を合わさなければならないという意味で他者に依存するからだけではない。承認すること、ほめることは、能力のある人が、能力のない人に下す評価であり、それは縦の対人関係において初めて可能になる。パートナーのカウンセリングに同行した人が、カウンセリングが終わった時に「よく待てたね、偉かったね」とパートナーからいわれても嬉しくはないだろう。承認されたいと思う人は、自分が無能力者であることを認められたいのである。お世辞の言葉を並べ立てて、上司に気に入られ認められようとする人は自ら進んで無能力者として対人関係で下に立とうとしているのである。これでも承認されたいと思う人がいれば驚きである。

## 他者の期待を満たさない

子どもが結婚する時、大抵の親は反対する。たとえ強くは反対しなくても、最初から手放しで子どもの結婚を祝福する親は少ないように見える。自分の好きな人と結婚して親を悲しませたり怒らせたりするか、あるいは、自分が好きな人と結婚することを諦めて親を安心させるという二つの選択肢しかないといっていいくらいである。好きな人と結婚し、かつ、親が怒ったり悲しんだりしないということはありえないと思っておけば、親の反対は予想されたことなので、台風が過ぎ去るのを待つように、親の混乱状態が収まるのを待つことができる。

子どもが結婚する時に親がどんな感情を持つにせよ、その感情は親が自分で何とかするしかない。親が子どもの結婚についてどう思うか、子どもの結婚にどういう態度を示すかは親の課題であるが、親の課題を子どもに解決させることはできない。親は子どもに親の望まない人と結婚することを断念させることはできないということである。

もちろん、子どもが親にきちんと説明することで、親が子どもの結婚に同意し祝福することはありうる。だから初めから親は聞く耳を持たないと諦めず、たとえ反対されても粘り強く説得すればいい。

自分の人生なのだから、自分の好きな人と結婚しないとか、親が勧める結婚をするというような選択肢はありえないと私は思うが、親を悲しませないために好きな人との結婚を諦める人があることに驚く。そのような人は、結婚は二人のためだけのものではないので、親が自分の結婚を承認してくれなければ、自分が好きな人と結婚しても意味がないと考えるのである。

承認欲求の問題の一つはここにある。自分のことなのに、他者から承認されたい人は、自分の意志ではなく、他者の意志を優先してしまうのである。

子どもが結婚に際して自分ではなく親の意志を尊重しようと決断をすることには、隠された目的がある。親の気持ちを汲み、親の願う人と結婚することは、一見子どもの優しさに見えるかもしれないが、実際には、将来、結婚生活が破綻した時、あの時、親のいう通りにしなければよかったと、親のせいにできると考えるからである。もちろん、親が認めた人と結婚し、自分の思いを貫かなかったことの責任は子どもにあるのである。

高校生の時、配られた英作文のプリントを見て、これは先生が自分で作った問題ではないのではないかと思いついた私は、学校の帰りに書店へ行って、英作文の問題集を何冊か手にとって調べたところ、はたしてある本に載っている問題がそのままプリントされていることがわかった。

私はすぐにその本を買った。翌日の予習をしている時、その本の答えを見たくてたまらなくなった。さすがに最初から見てはいけないだろうと思った。しかし、自分で作文を作った後でなら許されるだろう。そう思って答えを一度見てしまうともう止められなかった。答えを見て自分の作文に手を加えた。答えを写したわけでなく、あくまでも参考にしただけだと思い、翌日授業に出た。

授業では生徒が答えを黒板に書くことになっていた。先生は解説をしながら生徒の解答に手を入れていくのだが、答えを見て作った私の英文は当然完璧だったので、先生は何一つ訂正しなかった。そして、こういった。「君は英語ができる」と。

こういわれた私は、それ以来先生の期待に応えなければと思うようになった。答えを見れば完全な英文を書けるが、そうすることで先生によくできる生徒だと認められても、肝心の英語の力がつくはずはなかった。

その頃も今も英文を書くことは苦手である。苦手意識を克服するためには日々研鑽を重ねるしかない。それなのに、「君は英語ができる」という言葉を聞かされ、自分は英語ができるはずだと思ってしまうと、英語の力が十分でないという現実に目を伏せてしまうことになる。

## 可能性の中に生きない

後にある大学で古代ギリシア語を教えるようになった。ある時、ギリシア語を日本語に訳すようにといっても、黙り込んで答えない学生がいた。その学生は英語もドイツ語もフランス語もできるのに、難しい古代ギリシアの言語を前にして、生まれて初めて読めないことを経験したのである。私は、学生に、なぜ今答えなかったかわかっているかとたずねたところ、間違った答えをして、教師である私に自分ができない学生だと思われたくなかったからだと答えた。

しかし、その学生にとって重要なことは、学ぶことであって、教師からできる学生と認められることではない。もしも学生が答えなければ、教師である私にはその学生がどこで躓いて間違えたかがわからない。私の教え方が十分でなかったということもありうる。学生が教師から承認されることだけを考えている限りは、いつまでも読めるようにはならない。

私はその学生にこういった。「あなたがこれやあれやの問題の答えを間違ったからといって、そのことであなたのことを「できない学生」というふうには決して見ない」と。次の時間から、その学生は間違うことを恐れなくなり、ギリシア語の力はめざましく伸びていった。

## 劣等感を超える

小学校に上がる前、祖父は折に触れて「大きくなったら京大へ行け」といっていた。もとより、その頃の私がこの祖父の言葉の意味をわかっていたとは思わないが、京大というところに入れば大人が賞賛してくれるらしいということはやがておぼろげながらわかり始めた。具体的な意味がわかったとは思わないが、ただ一つはっきりしていたことは、京大に入るためには頭がよくないといけないということだった。

ところが、小学校に入ってからしばらくして、どうやら算数ができないことに気づいた。夏休み前の終業式にもらった通知表の算数の評価が「3」だったからである。学校から校区の外れにあった家までの三十分の間、途中で何度もランドセルをおろして中から通知表を出しては確認したが、算数の評価は何度見直しても「3」だった。「大変だ、こんなことでは京大へは行けない」と思った。五段階評価の「3」なら十分いい成績ではないかという人があるかもしれないが、劣等感は、実際に劣っているということではなく、劣っていると感じることである。だから、自分がだめだと思ったらだめなのである。

アドラーは、劣等感は誰にでもあり、「健康で正常な努力と成長への刺激」である、といっている。劣等感があるからこそ、努力して上を目指そうと思うのである。ただし、それは、他者と比較することから生まれる劣等感ではない。今の成績が「3」であれば、誰かと競争するためではなく、今の自分よりも前に進むためにいっそう努力すればいいだけである。

## 努力しよう

承認されようがされまいが、勉強であれ仕事であれ習熟するためには努力するしかない。ところが、努力すること、勤勉であることを公言する人はよく思われないことがある。むしろ、あまり努力していないように見える人が好感を持たれる。本を読むことについても、あまりいいことだと思わない人がいる。本など読まないで経験から学べ、とか、書を捨て街へ出よというようないい方がされる。デカルトが「先生たちの監督を離れてもいい年齢に達するやいなや、私は書物による学問を全く止めてしまった」(『方法序説』)といっているが、これは読書をすべてやめてしまったという意味ではなく、読書だけが真理を発見するための唯一の、またもっとも有効な方法であると考えることをやめたという意味に解するべきだろう。デカルトが本を読むことをやめたとは考えられない。デカルトのこの言葉を文字通りに受け取ることはできない。

他の人に自分があまり勤勉ではないように見せることには目的がある。失敗した時に十分力を尽くしていなかったことのせいにできるのである。

プライドが高い人は傷つくことを恐れる。然るべき努力をしないで試験に臨むか、それどころか試験を受けないということもある。そうすれば思うような結果が出なかった時の理由にできるのである。もっと頑張って勉強していればいい成績を取れたのに、といえるのである。

そのようなことをいうことは、「自分の下に網が張られていることを知っている綱渡り」のようなものであり、たとえ綱から落ちたとしても柔らかく着地できるので、大怪我をすることはない(『子どもの教育』)。

食事制限や運動をしなくても痩せるというような類のダイエット法に飛びつく人は多い。ただ聞くだけで英語が話せるようになるというような学習法も同じである。たとえダイエットに成功しても、英語を聞き、話せるようになったとしても、体重を維持し、英語の力を持続するためには努力が必要である。さもなければ成功は長続きしない。そもそも格別の努力をしないで成功することを望む人は真剣さが足りないといわなければならない。

ある日タクシーの運転手さんとこんな話をした。

「お客さんを乗せていてこんなことをいうのもなんですが、お客さんを乗せてしまったら、後は目的地まで安全に運転すればいいわけで、この時間は〈仕事〉をしているわけではないのです。では、いつが私にとって〈仕事〉かといえば、お客さんを降ろして、次のお客さんが乗る時までです。その時にただ漫然と車を走らせていてはいけないのです。いつどこでお客さんを拾えるか情報を集めるのです。こんなふうに考えて十年間車に乗ると、その後の十年が変わってきます。〔客が少なくて〕今日は運が悪かった」といっているようではこの仕事はやっていけません」

短距離の客であってもたくさん拾えばそれなりの収入になるのではないかと思うが、そのような客ばかりが乗ってくること、あるいは客が少ないことを運が悪いといっているような人は事態を改善する手を打たないわけだから、その人の人生は何も変わらないか、あるいは何もしない分、悪くなるということも考えられる。

勉強したこと、努力したことを誇示する必要はないが、できる限りの努力をしたい。それでも、いい成績を取れず、試験に合格しないということは残念ながらある。その結果は受け入れ、次回を期して挑戦するしかない。

どんなことも最初は難しい。最初から自転車に乗れたり、泳げる人はいない。どんなに難しくても、自分が取り組むことは自分でやるしかなく、誰も代わってくれない。しかし、根気よく我慢して取り組めば、最初はとてもできないと思えたことも、しばらくすればできるようになるというのも本当である。

ピアニストを目指す高校生に英語を教えていたことがあった。聞けば彼女は三歳からピアノを弾き始めた。ある時、たずねてみた。

「これまでピアノをやめようと思ったことはありますか？」

「一度もありません」

「ピアノの練習をつらいと思ったことは？」

「一度もありません」

そう、きっぱりと答えた。

彼女は誰からも強制されることなく、楽しくピアノを弾ける環境があって、その中で、ピアニストとしての道を歩む決心をしたのである。好きなことであれば努力は苦痛にはならない。教師や親は、勉強も音楽のレッスンも歯を食いしばってしなければならない苦しいことであると思い込んで、楽しいものであることを知らないように見える。知らないことを学ぶために努力は必要だが、知らないことを学ぶことは本来楽しいことである。

## 若干分量の勇気を持つ

先に見たように貢献感を持てれば勇気を持て、対人関係の中に入っていこうと思える。この勇気は特別なものでなくてよい。泳げもしないのに水の中に飛び込むというようなことは勇気とは関係がない。そのようなことはただの蛮勇でしかない。

フランス語では勇気（courage）という言葉の前に部分冠詞をつけ、du courage といういい方をする。大学生の時、この言葉をフランス語の教師が「若干分量の勇気」と表現したのをおもしろいと思ったことをよく覚えている。

足りないのは能力ではなく、若干分量の勇気である。ちょっとした勇気が人生を変える。他者も怖い人ばかりではない。怖い人だからそのような人と関わろうとしなかったのではない。人と関わろうとしないために、他者を怖い人だと思おうとしたのである。

対人関係でなくても、仕事でも同じである。能力が足りないのではない。思うような成果を出せないと思い、自分で自分に制限を課し、必要な努力をしようとしないだけである。そして、もしもっと頑張っていたらできたのにという可能性を残す。

他の人の言葉を課題に取り組まない理由にするということもある。私は学生時代に指導教授から「君は論文を書くのが得意でないね」といわれたことにその後何十年にわたってとらわれることになった。しかし、これとて先生の言葉が原因となって書くことが苦手であると思うようになったのではない。先生の言葉はきっかけでしかない。課題に取り組まないために、書くことが苦手であると思おうとしたのである。書くことが苦手だと思い、書かなくなることで書いたものが評価されないようにしたというのが真相である。

アドラーは「誰でも何でもなし遂げることができる」という(『個人心理学講義』)。このように主張したアドラーは、才能や遺伝というものがあるではないかと、晩年活動の拠点を移したアメリカにおいてずいぶん批判され攻撃された。

アドラーは、ローマの詩人、ウェルギリウスの言葉を引いて「できると思うがゆえにできる」といっている(『子どもの教育』)。これは精神主義の類ではない。できないという思い込みが、生涯にわたる固定観念になってしまうことに警鐘を鳴らしているのである。固定観念になってしまうと、決して進歩することなくその場に踏みとどまることになる(前掲書)。しかし、実際には追いつけないというのは本当ではない。

アドラーは才能は遺伝ではないということ、子どもが自分に課した限界を取り除くことができることを自分自身の数学の事例を引きながら説明している(『人生の意味の心理学(下)』、ホフマン『アドラーの生涯』)。

ある時、教師が一見解けそうにない問題に立ち往生したことがあった。その時、アドラーだけが答えがわかった。この成功によって、アドラーの数学への心構えがすっかり変わってしまった。

その後は数学を楽しむようになり、能力を伸ばすためにあらゆる機会を捉えるようになった。この経験から、アドラーは、特別な才能や生まれついての能力を想定することが誤っていることがわかったといっている。

先に見たように、アドラーの「誰でも何でもなし遂げることができる」というモットーはアメリカでは批判されることになったので、アドラーは、これは文字通りに解釈してはならず、問題のある子どもたちと関わっている時に、教育者と治療者の間に楽観主義を植えつけようとしただけだと自らを弁護するようになったが（ホフマン『アドラーの生涯』）、私はそのような弁明をする必要はなかったと考えている。

数学が苦手な娘のアレクサンドラがアドラーからこんなことをいわれたことがあった。彼女は試験を受けずに家に帰ってきてしまったのである。「どうしたんだ？　君は本当に誰もができるこんなばかばかしいことをできないと思っているのかい？　やろうとしたらできるんだ」。父親にこのようにいわれたアレクサンドラはわずかな期間で数学で一番になった（ホフマン、前掲書）。

才能や遺伝を持ち出す人は、才能や遺伝を課題に取り組まないことの理由にしているのである。しかし、ギャンブルに夢中な人はお金が懸かっているので、細かいデータまで綿密に分析する。競馬であれば、レースに出る馬のことについて、名前はもとより一頭一頭がどんな馬であるかを諳《そら》んじることができるほどである。

医療過誤があって家族が医師を訴えるという場合も、家族はどんな専門的なことでも猛勉強し、病気についての知識を身につける。手術の前は、医師に「お任せします」といって格別の勉強をしようとはしなかった家族が病気についての知識を身につけ裁判に臨む姿を見て、担当の弁護士はなぜ同じだけの努力を手術前にしなかったか残念がるという。

年がいった人は、若い頃のようには物を覚えられなくなったというが、それでは学生の頃のような努力をしているかといえばしていない。単位を落とすとか、進級できないというような切羽詰まった状況にいるのでなければ、人は真剣に勉強しない。少しやってみてうまくいかなければすぐに諦めてしまう。

もしも学ぶ喜びを知っていれば、試験がなくても、強いられなくても、努力できるはずである。その上、学生の頃のように時間をかけて取り組めば、大抵のことはマスターできるはずなのである。しかし、学生時代、試験のためにしか勉強をしてこなかった人はよほどの必要がなければ勉強しようとはしないかもしれない。

しかし、どんなことでも普通に考えられているように才能とは関係なく、一定の時間をかけさえすればマスターできるというのが本当だとしても、それだけの努力をしようと思えるだけの動機がなければ、誰も勉強に取り組もうとはしないだろう。

勉強はただ自分のためにするものではなく、必ず、それは他者に貢献するためのものでなければならない。しかし、勉強することで有名大学に入り、今や死語かもしれないが、立身出世をするということしか考えていない人は、もしも自分が思っていた通りの結果を得られないとわかった途端に勉強をすることを諦めてしまう。

## 失敗をする勇気

アドラーはいくつかの勇気について述べている。

同じ失敗を何度も繰り返すことは問題だが、一度も失敗をしないということはありえない。成功した時には何も学べない。むしろ失敗からこそ多くのことを学んで成長するのである。失敗からしか学べないといっても間違いない。失敗は勇気をくじくものでない。大切なのは失敗した後にどうするかである。

具体的には、失敗によって失われたもの、壊れたものがあれば可能な限り現状に戻すこと、同じ失敗をしないために今後どうするかを検討することが必要である。もしも人を傷つけるというようなことがあれば、謝罪することも失敗の責任を取ることである。失敗した時に何もしなければ、同じことは必ず繰り返され、失敗から何も学ぶことはできない。

時には、失敗したことそれ自体を認めたくないので、失敗した事実が隠蔽されることがある。しかし、そんなものは隠しおおせるはずもなく、企業の幹部らが謝罪会見を開き、頭を下げているのをテレビなどで見ることがあるが、これほど見苦しいことはない。

失敗を恐れる人、あわよくば失敗を隠そうとする人は、課題そのものには関心はない。むしろ、課題をとりまく対人関係にしか関心がないといってよい。失敗をすればどう思われるか、評判を落とすのではないかというようなことを恐れて課題を放棄することがあるとすれば、そのような人は自分のことしか考えていないのである。

失敗をすれば必ずそこから学べるとは限らない。失敗したことを理由に、その後なすべき課題に取り組むことを断念することもある。

失敗を隠したり、発覚してから初めて頭を下げたりするような人は、もちろん失敗から学ぶことはない。このような人は自分のことしか考えていない。大切なことは、失敗した時に他の人からどう思われるかを気にかけずに、失地を挽回すべく、再挑戦することである。

## 不完全である勇気

これは失敗しうるということを認める勇気である。失敗してはいけないと思いこんでしまうと、少しでも失敗することが予想されると課題に取り組むことすらしなくなる。先ほど間違うことを恐れギリシア語の課題に答えなかった学生のことを見た。多くの学生は大学に入る以前に既に何度も失敗をして悪い成績を取るという経験をしているが、優秀な学生はそれほど苦労することもなく大学に入学することがある。幸か不幸か私が教えていた古代ギリシア語は簡単な言語ではないので、その学生は生まれて初めてわからないという経験をしたのであろう。秀才はこのような状況で思いがけず脆い。

スポーツであれば他者と競争しなければならないが、勝てないとわかった途端に挑戦を諦めるというのは問題だろう。どんな人でもいつも必ずいい成績を取れるとは限らない。たとえその課題を完全に達成できないとしても、少しでもできることから始めるしかない。課題に取り組まなければ何も始まらない。これは勇気そのものであり、それをアドラーは「不完全である勇気」と呼んだ（*Adler Speaks*）。

アドラーは、課題の達成が困難な時に、そこから逃げ出そうとするライフスタイルのことを「すべてか無か」という言葉で説明している（『子どもの教育』、『人はなぜ神経症になるのか』）。たとえ五十しか達成できなくても、ゼロよりははるかに望ましい。

## 普通であることの勇気

この勇気については先にも見た。普通というのは平凡という意味ではなく、自分が存在するだけで他者に貢献できると思えることである。何かをした時にだけ、貢献できるというのであれば、何もできない人は貢献感を持てないことになってしまう。身体が元気なうちは何かをすることで貢献できても、老いと共に、あるいは若くても病気になれば、何かをすることで貢献できなくなる。その時でもなお自分に価値があると思えるには勇気がいる。

アドラーは、父親が教護院に預けるしかないと思っていたほど大きな問題行動を起こしていた少年のケースをあげている。ある時、その少年が股関節結核になり、一年にわたってベッドに寝たきりになった。すると、それまでは自分は誰からも少しも大切にされておらず、親からも冷遇されていると思い込んでいた少年は、誰かが絶えず自分のことに関わり尽力しているという事実を目の当たりにした。そこで、自分は間違っていた、自分は愛されていると知った少年は、退院して復学後はそれまでとは打って変わって非常に愛すべき人になった(『教育困難な子どもたち』)。

人は、今の自分がそのままでいいのだと自分について基本的な信頼感を持てなければ、特別よくなろうとする。そうすることができなければ、特別悪くなろうとする。特別によくなろうと思わず、特別悪くなろうとも思わず、まず出発点として普通であることの勇気を持ちたい。

## 誤っていることを認める勇気

自分が誤っていることは自分自身でわかることもあれば、他の人から指摘されて初めてわかることもある。他の人に失敗を指摘されることをよしとしない人はいるだろう。

先に古代ギリシア語を大学で教えていた時のことを書いたが、間違えるのは学生だけではない。学生の何倍もの時間をかけ入念な準備をして講義に臨んでも、文法の説明をする時や訳をつける時に稀に間違うことがあった。そのようなことを教師の沽券に関わると嫌う教師がいるが、学生が力をつけることが重要なので、体面や面目を保つことに汲々とするのはおかしい。

学生よりも先に学び始めたので教師が学生より知識があるのは当然である。誤らないのが最善なのであり、そのためには教師は不断に学び続ける必要があるが、自分の誤りが学生の前で明らかになってもそのことを恥ずかしいことだと思うことはない。むしろ、学生が教師の間違いを指摘できるほど力がついたことを喜びたい。

## 他者を信頼しよう

よく考えるまでもなく、あるいは、あまりに当たり前すぎて、日頃反省することもないのだが、人は他者を信頼していなければ一時も生きていくことはできない。運転手が故意の過失を犯すことなく運転すると信じることができればこそ、電車にもタクシーにも乗ることができるのである。このような信頼関係が崩れ、大きな事故が起きることはたしかにあるが、そのようなことがいつも起きるわけではない。

日常的な対人関係においては、信頼関係が崩れるような大きな出来事が瞬時に起こるわけではない。しかし、対人関係も相手への信頼があるからこそ成立するのは明らかである。大人と子どもが諍《いさか》う度に子どもが家に帰ってこなかったり、つまらない授業をした次の日に生徒が登校しないというようなことがあれば大変である。信頼しあっていれば、このような心配をしなくてもいいが、一時的であれ、信頼の欠如は関係を悪くすることはあってもよくすることはない。

## 信頼できない時

人が人を信頼するとは一体どういうことだろう。すべてが明々白々に知られているのであれば、信じる必要はない。信頼するとは、目下起こっていることや、これから起こることについて未知なことがある時、その知られていないことを主観で補うことである。直接の知識、あるいは信じる根拠がある時にだけ信じるのは「信頼」とはいえない。

便宜上言葉を区別するならば、通常いわれる「信用」は不信を前提にしている。これはビジネスの場面だけでのことではない。返済の見込みがなければ、銀行はお金を貸さない。しかし、対人関係においては、例えば、子どもが明日からは勉強するといっていたのに勉強しなかった時、信頼を裏切ったからと、子どもとの関係を切ることはできない。

このように未来のことについては、何が起こるかわからないので、信頼できないということがある。しかし、それでは現在の事実であれば、不信の余地はないのだろうか。実のところ、大人は子どもの「ありのまま」を見ていないのである。子どもがある日勉強を突然やめた時、日頃から勉強する子どもであれば、今日は勉強しなかったが、今日は例外であって、休むことも必要であると大人は思い、今後も勉強をしないとは思わないだろう。

しかし、日頃から勉強に熱心でないと大人が見てきた子どもに対しては、これからもずっと勉強しないと見なすかもしれない。その子どもが「明日は勉強する」といっても、大人は子どもの言葉を信じることはできないのである。

このように大人は「事実」を見るのではなく、事実に「意味づけ」をしているのである。大人がこの子どもは信じられないと思えば、子どもが何をしても、大人は子どもを信じることはできない。この思いから子どもの行動を見るので、子どものどんな言動も、不信を強化こそすれ、子どもを信頼する方向には作用しない。

勉強していないことや問題行動のことだけではない。子どもは成長するにつれて親が思いもよらないことをする。その際、それをどう意味づけるかは恣意的である。子どもの行動を見て信じる、あるいは信じないというのではない。子どもを信じるか信じないかを子どもの行動とは関係なく決めている。信じるのであれば、信じられる根拠を探すであろうし、信じないでおこうと思えば、信じられない根拠を見つけようとするのである。

## 信頼が裏切られる時

大人が子どもを信じられない時、子どもの側には一体何が起こっているのだろう。これまでのところでは通常のいい方にしたがって、大人が子どもを信じられないような出来事があって子どもに不信感を抱くと書いてきたが、不信は二重の意味で因果的に見ることはできない。

まず、子どもはあえて大人に信じてもらえないようなことをしているのである。それは端的にいえば大人の注目を引くためである。子どもは大人から認めてほしいと思い、家庭や学校という共同体への所属感を持ちたいと思う。ところが、建設的なことをしても認めてもらえず所属感を持てなければ、今度は不適切な言動によって大人の注目を引こうとする。

次に、子どもの方も大人が子どもに対して持つのと同じだけの不信感を持つことがある。もとより、子どもは最初から大人に不信感を持たない。ところが、いつの頃からか、大人の言葉を信じられなくなる。なぜか。

一つは、大人の言行不一致である。子どもは大人が正論を振りかざして説教する時に、その大人の行動に目を向ける。その大人が自分に強制するその当のことをできていないではないか、と子どもは思うのである。

また、大人が自分を彼らが望むような子どもにしたいと考えていることを知っているからでもある。しかし、大人の期待は子どもの課題についての期待である。大人が子どもに勉強してほしいと期待しても、勉強をする、しないことの結末は子どもにだけ降りかかり、その責任は子どもしか果たすことはできないという意味で子どもの課題である。

それならば、親が子どもを信じるといっても、親の側の一方的な期待でしかないことになってしまう。電車やタクシーに乗ったりする時に何かあっても、その結末は自分にのみ降りかかるが、子どもとの信頼関係が問題になる場合は、結末は大人には降りかからない。子どもは、自分の課題にまで大人に口出しされたくはない。大人が子どもに期待することは大人の課題であり、したがって、大人の課題を子どもに解決させることはできないということを知っていれば、問題は大きくはならないが、大人は大抵子どもの課題に口出しすることは自分の課題だと思っている。

このように、子どもが大人の言行不一致や大人が自分の課題に介入しようとしていることを知ると、大人の言葉を素直に聞いて言葉そのものに耳を傾けるよりも、言葉の裏にある心理を忖度するようになってしまい、言葉はもはやそのままでは信じられなくなる。

## なぜ信頼は必要か

大人に不信感を持っている子どもは、世界全般に対する信頼感を欠いている。この世界は危険なところであり、まわりの人は隙があれば自分を陥れようとしている敵である、と考えているのである。そのような子どもは、他者に役に立つことをしようとはしないので貢献感を持てず、そのため、自分に価値があるとは思えない。かくて、課題に取り組む勇気を持てないのである。

アメリカのある学校に問題の多いクラスがあって、二人の教師が続けて担任を降りるということがあった。そこで、校長はその年の採用試験で不採用になった女性教師に電話をし、このクラスを学年末まで受け持ってくれたら翌年は専任講師として採用するという話をもちかけた。もちろんその教師はこの話を受けた。

校長はこのクラスのことをわざと話さなかった。一カ月が過ぎた頃、校長がこのクラスの見学をした。校長は生徒たちが人が変わったように勉強に打ち込んでいることに驚いた。授業の後、担任にねぎらいの言葉をかけた。するとお礼をいいたいのは私の方です、と担任の教師はいった。新任の私にこんなすばらしいクラスを受け持たせてもらえたのですから、と。

「礼をいわれる資格は私にはないんだ……」

「ああ、校長先生が私に隠していた小さな秘密のことなら最初の日に私は見つけてしまったんですよ。引き出しの中をのぞいたら生徒のＩＱのリストがあったのです。正直大変なことになったと思いました。こんなに頭がよくて活発な子どもを授業に引きつけておくには相当頑張らないといけませんから」

引き出しを開けるとそのリストがあった。それには生徒の名前の横に136, 127, 128……と数字を書いてあった。それを見て校長は叫んだ。

「これはＩＱなんかじゃない。生徒のロッカー番号だよ」

これについてはセラピストのビル・オハンロンが次のようにいっている。

「だが、時すでに遅し。この新任教師は生徒が優秀だと思い込み、生徒も彼女の積極的な働きかけと期待に精一杯応えたのだ」（『考え方と生き方を変える10の法則』）

信頼とは、信じる根拠のない時ですらあえて信じることである。自分のことを少しも疑わないで信じる人がいれば、そのような人を裏切り続けることは難しいだろう。自分を信頼する人がいることを知れば、この世界や他者についての子どもの見方は変わる。

## 信頼を築く

それではどうすれば信頼関係を築くことができるだろうか。子どもが「明日から勉強する」といっても、親は子どもを信頼することはできない。なぜなら、その言葉をこれまでも幾度となく聞いてきたが、その度、親は落胆を繰り返してきたからである。そのような親にとって、子どもが実際に勉強するかどうかはわからない。実際に勉強するかどうかわからないけれども、確実に勉強するとわかっていたらそもそも子どもを信頼する必要もない。

子どもの方も自力で課題に取り組めるまでにはなおほど遠いということもあるだろう。多くの場合、子どもの現状は最善ではない。決して「あるがまま」でいいとはいえない。しかし、現状から出発するしかない。

エーリッヒ・フロムは、人のありのままの姿を見て、その人が唯一無二の存在、他の誰かに代えることができない存在であることを知る能力を、「尊敬」（respect ラテン語の respicio が語源）といっている（『生きるということ』）。信頼は、この意味での尊敬から始まる。ところが、大人は子どもを等身大では見ない。過剰な期待をするか、過小評価をする。子どもはそのために勇気をくじかれ、自分自身への信頼を持てなくなってしまっている。そのような子どもが課題に取り組む勇気を持てるよう援助するには、「あるべき」子どもではなく、（現に）「ある」子どもを見るところから始めるしかない。

## 信頼して語る

以上で、信頼について、不信が起こる機序から始めて、なぜ信頼関係を築くことが必要か、そのためにどうすればいいか見てきたが、最後に普段の生活の中にあって、心を読まないようにすることが必要であることを強調しておきたい。信頼するというのは、言葉が発せられていないことを最善と見ることではない。逆説的に聞こえるかもしれないが、相手を信頼して黙るのではなく、むしろ、言葉によるコミュニケーションを対人関係の中心に据えることが信頼関係を生むのである。言葉を額面どおりに受け取らずその人の心理を忖度するのは、対人関係の望ましいあり方であるとは私は思わない。

## よい意図を見よう

他者を仲間と見ることができれば、他者に貢献しようとするだろう。反対に敵であれば貢献しようとは思わない。他者を敵だと思わないためには、他者の言動にはよい意図があると見たい。

母が若くして亡くなり、父と二人で暮らしていた頃、ある日、私が長い時間をかけて作ったカレーライスを口にして一言「もう作るなよ」といった。私は父のこの「もう作るなよ」という言葉は「まずいからもう作るな」という意味であると固く信じて疑わなかったが、後にこの時の父の言葉の真意がわかった。当時、私はまだ学生だった。父はこういいたかったのだ。「お前は学生なのだから勉強をしないといけないだろう。それなら、もう私のために手の込んだ料理を作るなよ」と。

父の短い言葉のうちに新しい意味を見出せるようになった頃には、かつてのような同じ空間にいるだけで緊迫感を感じることはなくなっていた。実のところ、私の中に起こった変化は私自身が父との関係をよくしようとする決心によって起こったのである。父との関係をよくしないでおこうと思っていた間は、父のあらゆる言動を父との関係を近くしないことの根拠にしようとしていたのである。

## 課題を分離する

私の課題と他者の課題は分離しなければならない。大人が子どもの課題に介入しようとすることの問題については既に見たが、「課題」という言葉の意味をはっきりさせた上で、課題を分離できないことの問題を明らかにしたい。あることの最終的な結末が誰に降りかかるのか、あるいは、あることの最終的な責任を誰が引き受けなければならないかを考えた時に、そのあることが誰の課題であるかが明らかになる。

わかりやすい例をあげれば、勉強する、しないは誰の課題なのか。親の課題なのか、子どもの課題なのか。明らかに、といっていいだろうが、子どもの課題である。勉強しなければ子どもが困るのであり、勉強しないことの責任は子どもが自分で引き受けるしかないからである。

およそあらゆる対人関係のトラブルは人の課題に土足で踏み込むこと、あるいは踏み込まれることから起こる。後にも見るが、誰と結婚するかは子どもの課題であって親の課題ではない。それなのに親が反対すると、自分の課題に土足で踏みこまれたと思う子どもと親の間にトラブルが起こるのは必至である。

先に問題にした信頼との関係でいえば、課題をしっかりと分離し、自力でできることであれば、自力で課題を達成できると信頼し、手出し、口出しをしないことが自立を支援するために必要である。

## 自分で決めよう

ある時、学生が声をかけてきた。しばらく学校にこられなかったというのである。聞けば、一週間、休んだというのだが、そのことが何か特別の問題であるというふうには私には思えなかった。

ところが、よく聞くと彼女はこう打ち明けた。学校には行けなかったが、母親が学校には行くものだというので家にもいられなかった。結局、家と学校の中間地点にある公園や喫茶店で昼間過ごし、夕方何食わぬ顔をして家に帰るという日が一週間続いたというのである。

学校に行かず講義を受けなければ当然授業に遅れ学業に障《さわ》りが出るだろうが、それは学校に行かないことに伴う責任であり、その責任は自分で引き受ければいいのである。遅れた分を取り戻す必要はあるが、学校に行く行かないは本人が自分で決めればいいのであって、親が家にいてはいけないというからといって、親に従わなければならないわけではない。

このようなことを私は学生に話した。学校に行かないとすれば、そのことの結末は子どもに降りかかり、その責任も子どもが引き受けなければならない。学校に行くか、行かないかを決めるのはこの意味で子どもの「課題」である。

「そんなことは自分で決めたらいいのだよ」

と私はそういいながら、小学生の頃の母とのやりとりを思い出した。ある日、同級生が電話をかけてきた。これから遊びにこないかという誘いの電話だった。私は近くにいた母にたずねた。

「これから遊びに行っていい？」

母は私にいった。

「そんなことは自分で決めたらいいのだよ」

親は本来子ども自身が決めなければならないことを子どもに代わって決めることで子どもを支配しようとする。しかも、このような時、「あなたのためを思って」という。子どもは、このような親からの干渉に対して抗議し、親の介入を拒否してよい。

ところが、先の学生は親が家にいてはいけないといった時、親に従ってしまった。なぜか。親に従ったことには「目的」があった。それは端的にいえば、自分の行動に責任を取らないということである。

学校に行かないことによって発生する不利益は自分で引き受けるしかないが、学校に行かないという決心をしたのに、親に行けといわれたからといって学校に行く決心をするのは、自分の行動に責任を取ろうとしないということである。当然、親に逆らえば、親からの抵抗は大きくなり、親は怒るだろう。しかし、親が反対するからといって親のいうなりになるのはおかしい。

子どもが親が望む人と結婚しない時に親が感情的になるということはよくある。子どもが誰と結婚するかは子どもの課題である。親が子どもの結婚に同意できないとしても、それは親の課題であって子どもの課題ではないのだから、親が怒っても悲しんでも子どもには何の関係もない。

しかし、もしも子どもが親の反対を受け入れるのであれば、この場合は自分の決定に責任を取りたくないからであり、将来的に何か問題が起こった時に親に責任を転嫁したいのである。

このような話を聞き、親の期待を満たさなくていいこと、自分の課題は自分で解決するしかないということをやがて理解した私の学生は、ある日髪の毛を赤く染めてやってきた。

私は驚いて思わず、どうしたのかたずねたところ、「髪の毛を染めました」と答えるので、「いえ、それは見ればわかります。さぞかしお母さんはその髪を見て怒られたでしょうね」といった。

「はい、母は激怒しました。それで、家では見苦しいので三角巾をつけていなさいといいました」

「あなたはどうしたのですか?」

「つけてました。でも三日してからなぜこんなことをしているのだろうと思い始め、三角巾をとりました」

「どうなりました?」

「母は何もいいませんでした」

これで一件落着した。この一件だけではなく、おそらくこれまでの親との関係の中で、この学生が何かをしようとした時、最初は、たしかに親が「~してはいけない」といい、それが「外なる声」として彼女の行動を規制してきたのだろうが、やがてそれが「内なる声」になったのであろう。つまり、親が何もいわなくても、「これはしてはいけない」と自分で自分の行動を規制するようになったわけである。

ところでこの学生は過食症で苦しんでいた。たしかに親のいうことに従い、学校に行きたくなくても親の機嫌を損ねないために学校に行くふりをしていた。それでも自分の行動を決める親に反発していたはずである。しかし、それを言葉でいうことはできなかった。過食症にはその症状が向けられる「相手役」がいる。それが母親だった。彼女はこういいたかったに違いない。「親といえどもこの私の体重だけはコントロールさせない！」。身体を痛めつけなくても、言葉で親に対していやなことはいやといえばよかったのである。

この学生の過食症についてはその後どうなったかわからない。先にも見たように、症状は必要があって創り出されるので、必要がなくなれば症状もそれに伴って消える。母親に自分がしたことを言葉でいえるようになればもはや過食症は必要ではなくなったであろう。

若い人を気の毒に思うのは、自分の身体を痛めつけたり、学校に行かないというような自分に不利なことをして、親や大人に反発しようとすることである。

## 依存と自立

課題を分離することは最終的な目標ではない。誰でも自力では課題を解決できないことはあるので、互いに援助していかなければならない。しかし、現状では誰の課題であるかがわからなくなっていることが多いので、もつれた糸をほぐすように、これは私の課題、これはあなたの課題というふうに課題を分離することが必要である。

このような課題の分離をした上で、人は協力して生きていかなければならない。しかし、私と他者の人格が独立した存在である以上、他者の課題に土足で踏み込むことはできない。協力をしたい時には共同の課題にすることはできるが、共同の課題にする時には手続きを踏まなければならない。

しかし、あまりに教条的にどんな場合も課題の分離をしなければならないと考えると、次のような誤りが起こることがある。

ある家で小学生の子どもが食事中スプーンを落とした。それに気づいた母親が拾おうとしたら、父親が「自分が落としたのだから自分で拾わせろ」と子どもに拾わせようとした。かくて、その家のダイニングの床には三日間、スプーンが落ちたままになっていたが、家族は皆、それを見るたびにいろんなことを思ったであろう。

「相手の課題であるから必ず自分でやらせる」というような発想は時に対人関係を窮屈なものにする。立ち上がるのに難儀をしている人を見た時に、さっと手を差し伸べることが、相手の自立心を損なうことになるとは思わない。援助された人も、差し出された手を握って立ち上がったからといって依存的になるわけではない。

人は本来的には一人では生きていけないので、他者の援助を必要とする。さりとて、どんなことても援助を求めていいわけではない。このあたりのバランスの取り方は難しい。自力でできることは可能な限り自力でする。しかし、他者からの援助が必要なことであれば、援助を求めればいい。誰にもどんな援助も求めないことが自立ではない。自分でできることは自分でするが、できないことがあれば、他者に援助を求めることこそ自立である。

自分は極力他者に依存しない。しかし、他者が援助を求めてくれば極力援助をする。多くの人がそのように思うようになれば世の中は変わるだろう。

## 空気を読まない

私がまだ所属していた研究室の対人関係についてほとんど何も知らなかった時のことだが、ある日、大学院の上級生が演習時、ギリシア文を誤訳したように思えた。「それは誤訳だと思います」と指摘したところ、演習が行われていた部屋の空気が凍りついた。このような時、「空気」を読めないと非難されることがある。

しかし、学問の場なのだから、誰であれ誤りは指摘して当然である。相手が上級生だからといって何もいわないのはおかしい。職場でも上司の考えが間違っていると思えば、指摘するべきである。ところが、このような時に反論することでよく思われないことを怖れたり、空気を読まないと非難されるのではないかと怖れたりする。

皆が同じように感じ、考え、同じ行動を取る。協調すること、絆の重要性が強調される。出る杭は打たれる。かくて、空気は自由な発言を許さない。そのような空気が蔓延する社会はファシズムの温床になる。

## 理解してもらえる努力を

まわりの人に理解してほしいのであれば、理解される努力をするしかない。

思いやりや気配りは、もしも本当に他者が考え感じていることがわかればいいが、他者を自分に引きつけて理解しようとすると誤ることになる。他者が何を考え感じているかわかっていると思っていると大抵は間違っているといってよい。自分の見方、感じ方は絶対のものではないということを意識するところから始めなければならない。

他方、言葉を発しなくても相手を思いやるべきだという人は、同様に自分が何もいわなくても自分が何を考え、感じているかわかるべきだと他者に期待し、さらには要求する。そして、もしも自分が期待するように他者に理解されなければ怒る。

他者がたくさんの言葉を発しないのであれば、他者の言動によい意図を読むことは必要である。しかし、自分は他者が誤解することがないようにできるだけ多くの言葉を尽くして自分の考え、意志を伝えることが大切である。言葉を発しないことには何も通じない。

## 人目から解放されよう

人目が気になったり、怖いと思ったりする人は多い。「人目なんて気にするな」といわれても、気にしないようにしようと意識することがかえって人目を気にすることになる。どうすれば人目から解放されるか考えてみなければならない。

人目というのは、いい換えれば「人が下す評価」でもある。人からどう評価されるかということには、当然、よく評価されることも含まれるはずだが、われわれが気にしがちなのは「よく評価されないこと」である。この「人目」や「人の評価」をどう受け止めていくべきか。

横断歩道を渡る時、車に乗っている人が自分をじろじろ見るのがいやだという人がいた。たしかに運転手が横断歩道を渡る歩行者を見ることはあるだろうが、じろじろと見るわけではない。信号が変わり車が交差点を渡りきった頃には、横断歩道を渡っていた人のことなどすっかり忘れているに違いない。

また、人前でうまく話せず、何を話すかを話の途中で失念してしまうというようなことは往々にしてある。一方、他の人はあなたが思っているほどそのことを重大なことと思っているわけではない。それなのに、口を開く度にどう思われるかを気にしていれば、相手のわずかな表情の変化も自分に向けられた敵意と見えてしまう。

実際には、突然、話の流れを見失い、言葉が出なくなったとしても、ほとんどの人は待ってくれるであろうし、決して笑ったりはしない。

先に見た課題の分離に引きつけて考えると、他者が自分をどう見るかは他者の課題であるから自分ではどうすることもできない。それは他者が決めることである。

人目を気にする人がいる一方で、他者が自分をどう見るかをコントロールできると思う人がいる。しかし人に強制できないことがある。愛と尊敬である。人に自分を愛しなさい、尊敬しなさいと強制することはできない。愛され尊敬されるに値する人になろうと思ってしかるべき行動をとることはできても、その上で人が自分を愛し尊敬するかは決めることはできない。

## 他者はそれほど注目していない

人は何らかの共同体に所属して生きている。しかし、だからといって、共同体の中心にいるわけではない。人目が気になる人は、自分が共同体の中心にいると思っているからこそ、人目が気になるのである。他方、自分は共同体の中心にいないと思っている人は、人目は気にならない。

さらにいえば、他の人は自分の一挙手一投足にいつも注目していて、自分の容姿や失敗を笑うに違いないと思っている人は、アドラーの言葉を使えば、他者を、「仲間」ではなく「敵」と見ているのである。他者を隙あらば自分を陥れようとしているものと見なし、必要があれば自分を援助する用意がある仲間とは思っていないのである。

何よりも問題なのは、人目を気にしている人は、自分にしか関心がなく、他者に関心を持っていないということである。電車の中ですわっている時に、目の前の人に席を譲るべきか迷うことがある。もしも席を代わることを申し出た時、まだ席を譲られるような歳ではないといわれたらどうしようなどと思ってためらっていると席を譲るタイミングを逸してしまう。このような時はどう思われようと席を代わることを申し出ればいいだけのことであって、何といわれるかを気にする人は結局のところ自分にしか関心がないわけである。

## 〈なぜ〉人目を気にするのか

ところで、人目が気になって人と積極的に関わろうとしなくなるというのは、普通の説明の仕方であるが、アドラーはそのことの原因ではなく、目的は何かを考える。

人目が気になるので、人と関わろうとしなくなるのではない。人と関わろうとしないことが目的である。その目的を達成するために人目を気にするのである。人前でうまく話せないという場合も、他者から評価されることを怖れて緊張するのでうまく話せないのではなく、緊張することをうまく話せない時の口実にしたいのである。

ところが、人目を気にする人は誰からも注目されなければ、それはそれでいやなのである。自分のことについて他の人がよからぬことをいっていると思うとたしかに嬉しくないが、誰も自分のことを気にかけてくれなければ無視されたと思うだろう。人目を気にするのに、さりとて、無視されたらいやという一見矛盾した思いがあるということから、人目を気にする人がこの世界をどう見ているか、そして、その世界の中に自分をどう位置づけているかがわかる。

## 共同体の中心にいるのではない

アドラーは著作の中でしばしば広場恐怖症という神経症の事例をあげていることは先にも見た通りである。広場恐怖症の人は、自分が「敵意のある他者からの迫害の的」(『性格の心理学』)になっていると考えるので、家を出ると安全でないと感じ、たちまち不安になる。そこで、外の世界が怖いので、外に出たくはないという。しかし、この場合も、不安なので外に出ないのではなく、外に出ないために不安になるのである。

では、なぜ外に出ないのか。外に出れば、自分が注目の中心になれないことを知っているからである。たしかに、乳幼児は、親に守られなければ生きていくことはできない。泣けば親は夜中でも目を覚ます。しかし、やがて大きくなると、もはや注目の中心にいられなくなる。それが大人になるということだが、なかにはいつまでたっても大人になりたくない人がいる。

そのような人にとって、自分が注目の中心にいられない外の世界は危険なところであり、そこでは自分が「敵意ある他者からの迫害の的」になっていると考えるので、一度外の世界へ出ていっても、たちまち自分が注目の中心でいられる家の中に戻ろうとする。実際に外の世界や他者が危険なのではなく、外に出ていかないために、そのように見るわけである。

自分が思っているほどには他の人から注目されていないとしても、われわれはそれに対して異議を唱えることはできない。なぜなら、自分は共同体の中心にいないのであり、他の人はあなたの期待を満たすために生きているのではないからである。

## 相手を避けるための思い込み

冷静に考えてみれば、他の人がいつも自分のことを悪くいっているはずはない。自分について
よくいっていることも当然ありえる。それなのに、他の人がいつも自分のことを悪くいっている
と考える人は、そのようにいわれていると思いたいのである。

ある人から悪くいわれていると思えば、その人との関係を積極的に築こうとはしなくなる。避けたり、話しかけたりするのをやめるだろう。このような場合、アドラーは、「相手が自分のことを悪くいうので、その人との関係を避けるようになった」という「原因」ではなく、「その人を避けたいから、相手が悪くいっていると思おうとする」という「目的」に注目する。

つまり、あなたの「目的」は、「相手との関わりを避けるため」である。その目的を遂行するために相手が悪くいっていると思おうとしているのである。今まで「原因」と思っていたことを、「目的」として考えれば、世界の捉え方は大きく変わる。

## 人目より大切なもの

仮に、本当に自分のことを悪くいっている人がいるとしても、そのことをどうすることもでき

ない。われわれができるのは、われわれのことを悪くいう人とどう関わっていくかを決めることだけである。相手が自分をどう評価するかは相手の課題であり、われわれの課題ではない。したがって、そのような人や、その人が下す評価を変えることはできない。自分ではどうすることもできないことをくよくよと思い煩っても仕方がないのである。

相手自身や相手が下す評価を変えようとするとどうなるか。相手が自分について期待するイメージに自分を合わせようとする。

そもそも他者が自分について持っているイメージに合わせようとすることは大きな負担になる。しかも、この「他者が自分について持っているイメージ」でさえ、われわれが想像しているだけかもしれない。

われわれは他者の期待を満たすために生きているわけではない。それゆえ、人目を気にして自分を実際以上によく見せることはない。そのようなことをしなくても、今の自分をありのままで受け止めてくれる人はいるはずである。

誰も自分に期待していないとまで思うことはないが、他者が自分をどう思うかということから自由になる必要がある。そのためには、ありのままの自分を見せなければならないのである。

今の自分とは違う自分になる努力が、他の人からの評価を怖れ、他の人に合わせるためのものであれば、たとえ努力して変わることができても、自分が自分ではなくなってしまうことになる。人に合わせない、あるいは人の期待に応えるような生き方をやめてみることだけでも、気持ちが楽になるはずである。

他の人に評価されることを怖れる必要はない。相手の評価より大切なのは、自分が今しようとしていることに対して自分自身が「ＹＥＳ」といえるかどうかなのである。

仕事の場面では評価が問題になるのではないかという人は多い。たしかにその通りである。しかし、ここでの評価は仕事についての評価であって、上司や同僚からよく思われることではない。私が学生だった頃、三十年間一本の論文も書いていない教授がいたことを思い出す。もちろん、そんな人は当時でもめずらしかったからこそ覚えているのだが、すぐに成果を出すことが求められる今の社会でも、とにかく結果さえ出せばいいわけではなく、仕事について正当に評価されるためには、仕事で実力を培うしかないのである。

企画を出してもそれが前例のない企画であれば反対に遭うことは必至である。売れるはずないではないか、売れなかったら誰が責任を取るのかといわれて怯み、企画会議を通すことばかり考えていてはつまらない。

### あらゆる人とは仲良くなれない

「自分が自分のために自分の人生を生きていないのであれば、一体、誰が自分のために生きてくれるのか」というユダヤ教の教えがある。どんなことをしても自分のことをよく思わない人はいる。十人の人がいれば一人は自分のことをよく思わないだろう。十人のうち、七人はその時々で態度を変えるような人である。

一方、残りの二人くらいは何をしても受け入れてくれるはずである。その「二人」と付き合っていけばいいのであって、残りの八人、とりわけ何をしても自分のことをよく思わない一人のことで心を煩わす必要はない。

この人さえ変われば職場は変わると思われる人がいる。しかし、そのような人に対しては大抵どんな働きかけをしても徒労に終わる。職場にそのような人がいれば、仕事と割り切ってその人と関わればいいのであって、友達になろうと思わなくてよい。そのような人であっても、自分がどう思われるかを気にするのはおかしい。どう思われるかを気にかけていれば、その人によく思われたいがために、自分が自分のために自分の人生を生きることができなくなる。

人目や他者からの評価を怖れないために必要なのは、他者の人生ではなく、自分自身の人生を生きる勇気である。

## 過去から自由になろう

今の自分のライフスタイルとは相容れないようなことを人は決して回想しない。しかし、ライフスタイルが変われば、それまで忘れていたことを思い出すこともあれば、思い出されることが同じであっても、その思い出についての解釈が変わってくることがある。時にはあまりに違った解釈がされるので過去そのものが変わったといっていいほどのことがある。

ある友人が幼い頃の思い出を話してくれた。その友人が子どもだった頃は、放し飼いの犬や野良犬がたくさんいた。彼は母親から、犬は走ったら追いかけてくるから、犬がいても走って逃げてはだめよ、といつもいい聞かされてきた。

「ある日、二人の友達と歩いていたら、向こうから犬がやってきた。他の友達は犬を見てぱっと逃げたが、私はかねて親からいわれていたようにその場でじっとしていた」

それなのに、彼は犬に足をがぶりと咬まれた。

彼の回想はここで終わっていた。しかし、これが今起こっていることであれば、話がここで終わるはずはない。

「こんなことがあってからこの世界は危険なところだと考えるようになった」

彼は道を歩いていたら車が突っ込んでくるのではないか、家にいても空から飛行機が落ちてくるのではないか、病気についての記事を新聞で読めば、自分は既にその病気に感染しているのではないかと怖れたという。

幼い頃犬に咬まれたことが今この世界が危険なところだと考えるようになったことの原因だと彼はいいたいのだが、そうではなく、この世界を危険なところだと思いたいために無数にある回想からその目的に適うものを思い出し、しかも犬に咬まれたことの先を思い出さなかったのである。

その後、彼は忘れていたことを思い出した。

「たしかに犬に咬まれたところで記憶は途切れていたが、続きを思い出した。見知らぬおじさんが犬に咬まれて泣いている私を自転車に乗せて、近くの病院に連れて行ってくれた」

犬に咬まれたことには変わりはないが、ストーリーはまったく違ったものになった。先の回想は、世界は危険なところだという彼の世界像を裏付けるために思い出されたものだが、後の回想では、彼はもはやこの世界は危険なところであるとか、人のいうことを聞いたらひどい目に遭ったというのではなく、困った時に助けられたというストーリーに変わってしまった。この世界がまったく危険ではないとはいえなくても（犬に咬まれることもあるのだから）、この世界には自分を助けてくれる「仲間」がいるというライフスタイルを彼が選んだので、過去そのものが変わったといっていいほど回想が変わったのである。

「回想が正確かどうかはそれほど重要ではない。回想で重要なのは、それがその人の判断を表しているという事実である。「子どもの時ですら私はこのようだった」あるいは「子どもの時でも私は世界をこのように見ていた」という判断である」（『性格の心理学』）

子どもの時にしていたのと同じ判断を今もしているというのではない。逆である。今している判断を子どもの頃に投影し、子どもの時も今と同じ判断をしていたと思いたいのである。

私は父との関係がよくなかった時には、無数にあるはずの回想の中から、父との関係がよくないことを正当化するような回想だけを選び出していた。その最たるものが、小学生の時に父に殴られたというものである。この時のことについては先にも言及したが、今となってはそんなことがあったかもよくわからない。その出来事を知っている人は私以外には誰もいないからであり、その場面を目撃した人もいないからである。

父が認知症になって長く介護をした。二人で話している時に、さすがにこの時のことを話題にしたことはなかったが、私が前にこんなことがあったとか、どこかへ出かけたというような話をすると、大抵父はそんなことはなかったといった。このような場合、その出来事が本当にあったかどうか証明できるかというと微妙な問題になる。複数の人が証言していればたしかにそんなことがあったといえるだろうが、二人しか知らないことで、一人がそんなことはなかったといえば事実そのようなことがあったと証明することはできない。父に殴られたというようなことも本当はなかったかもしれない。なかったとしても、今の私はかまわない。父との関係が変わってしまった今となっては、私には必要ではない回想だからである。

過去の出来事のうち何を覚えており、反対に何を忘れるかは無原則ではない。今の自分にとって必要な目的に適うことは覚えているが、そうでないことは忘れる。覚えていることでもそれについての意味づけは変わりうる。過去のことを思い出す人の「今」が変わるからである。

アドラーは、自分自身の子どもの頃の回想を語っている（『教育困難な子どもたち』）。まだ五歳だったアドラーは毎日墓地を通って小学校へ通わなければならなかった。この墓地を通って行く時、いつも胸が締めつけられるようになった。

墓地を通る時に感じる不安から自分を解放しよう、と決心したアドラーは、ある日、墓地に着いた時、級友たちから遅れ鞄を墓地の柵にかけて一人で歩いて行った。墓地を最初は急いで、それからゆっくり行ったりきたりして、ついに恐怖をすっかり克服したと感じられるようになった。

三十五歳の時、一年生の時に同級生だった人に出会って、この墓地のことをたずねた。

「あのお墓はどうなっただろうね」

そのように問うアドラーに友人は答えた。

「お墓なんかなかったよ」

この回想をアドラーは空想していただけだったのである。それにもかかわらず、この回想はアドラーにとって「心の訓練」になった。子どもの時に困難を克服しようと勇気を奮い起こしたことを思い出すことで、その後の現実の人生における困難を克服し、苦境を乗り切ることに役立てた。アドラーは、課題から逃れるためではなく、課題に立ち向かうために、この墓場の記憶を創り出したのである。

第八章
# 即事的に生きる

ともすれば人は過去のことを思い後悔する。他方、未来のことを思って不安になる。しかし、過去はもうないし、未来もまだきていない。過去のことを思い出すが、思い出しているのは「今」である。明日のことをどれほどリアルに想像してみても、想像通りになるということは決してない。本章では、今ここを真剣に、決して深刻にではなく生きるためには、人生をどんな態度で生きればいいかを考えたい。

## 生きることは苦しみである

ある日、カウンセリングが終わって帰り際、「生きることは苦しいですね」といった人があった。その日カウンセリングで話題になったこととは関係なく唐突に発せられたこの言葉に私は虚を衝かれた。プラトンはこんなふうにいっている。

「どの生きものにとっても、生まれてくるということは、初めからつらいことなのだ」(『エピノモス』)

このような考え方は古代のギリシア人には特異なものではない。ソポクレスの『コロノスのオイディプス』には次のようにいわれている。

「この世に生を享けないのが、
すべてにまして、いちばんよいこと、
うまれたからには、来たところ、
そこへ速やかに赴くのが、次にいちばんよいことだ」

生まれてこないのが一番よく、生まれたからにはできるだけ早く死ぬのが次によいことだという。たしかに人生は長生きすればするほど経験する不幸も多くなるというのは本当である。それでも、人生が短ければいいとは多くの人は思わないだろう。

もしも人が一人で生きていれば悩みというものはないかもしれない。アドラーは「すべての悩みは対人関係の悩みである」という。人と関わる以上、どれだけ近い関係にある人であっても、あるいはむしろ、近い関係にある人だからからこそ、その人との関係に摩擦が生じることがある。一人で生きられるのであれば、人から裏切られたり、嫌われたり、悲しい思いをすることはないかもしれない。しかし、対人関係の悩みを回避するために一人で生きようとすれば、結局誰とも深い関係に入ることはできず、深い関係に入らなければ生きる喜びを得ることはできず、幸福にもなれないのである。

対人関係はちょうど鳥にとっては空気のようなものである。空気はたしかに鳥の飛翔を妨げる抵抗であることは間違いない。しかし、抵抗のない真空の中では鳥は飛ぶことができないように、対人関係は不幸の源泉であるかもしれないが、同時にそれは生きる喜びの源泉でもあるのである。

私は父と同じ空間の中にいることがいつも苦痛だった。父と一緒にいると空気が緊迫した。それでも、父との関係を振り返ると、いつも関係が悪かったわけではないことに思い当たる。どんな関係も初めから悪いはずはない。

一枚の写真がある。そこにはまだ小学校に上がる前の私が写っている。その日、父とどこかへ出かけたのであろう。父は当時愛用していたカメラで私の写真を撮った。写真を見て後から構成した過去かもしれないが、父と出かけた私は幸福感に満たされていた。

人との関係の中でしか生きる喜びを感じられないのであれば、何としても対人関係に入っていく必要がある。しかし、他者との関係が必ずよいものとは限らないし、そこでつらい目に遭うことを怖れる。対人関係の中に入っていくためには勇気が必要なのである。

## 過酷な現実を前にして

私が心筋梗塞で倒れたのは五十歳の時だったので、決して若かったわけではないが、それでも、まだ死ぬ歳ではないだろうと思った。私よりももっと若い人がふいに病に冒され亡くなるということがあると、残された家族はその死を受け入れることは困難であろう。

若い人の死は理不尽であるとしか思えない。そのように思うのは、若い人や子どもの病気や死に限らない。何の罪もない人がたまたまその場に居合わせたことで、暴漢に刺されるというようなこと、暴走した車にはねられて負傷したり、亡くなるというようなことがなぜ起こらなければならなかったのか。この問いに答えられる人がいるとは思わない。

この世界に起こるすべてのことに意味があると見ることができれば、理不尽な出来事が起こっても納得できるかもしれない。しかし、病気や死にも何か意味があるという説明は、残された家族には説得力はまったくない。

いつかカウンセリングを受けることがあれば、私のところに行こうと考えていたという友人がいた。ある日、カウンセリングにやってきたその人にどういうことで相談にきたのかとたずねたら、まだ若い娘さんを亡くされたという。その娘さんは視力が低下したのでコンタクトレンズを作るべく眼科医の診察を受けたところ精密検査を受けるようにいわれた。検査で脳腫瘍があることがわかった。娘さんが亡くなったのはそれからわずか一月後だった。このような経験をした親に、子どもの死には何か意味がある。たとえその意味が人間にはわからなくても、神の計画に違いないというようなことをいったところで、絶望し悲嘆に暮れる親にとっては何の救いにもならない。

それでは、天災なら諦めがつくかといえば、もちろんそんなことはない。仕方なかった死などないのである。まして、作らなければ起こらなかった原発事故のために、長年住み慣れた場所を追われるというようなことはあまりに理不尽である。

精神科医のR・D・レインが自伝の中で宗教哲学者マルティン・ブーバーの次のようなエピソードを引いている。

「ブーバーは講演台の向こう側に立って、人間の条件だとか、神だとか、アブラハムの契約だとかについて話をしていた、その時、急に、前にあった大きな重い聖書を両手でつかみ、できるだけ高く頭の上に持ち上げてから講演台の上に投げつけるように落とし、両腕を一杯に伸ばしたまま、こう絶叫した。

「強制収容所でのあの大虐殺が起こってしまった今、この本が何の役に立つと言うのか！」」（『レイン　わが半生』）

ブーバーは、神がユダヤ人に対して行なったことに憤激していたのである。

ブーバーと同じユダヤ教のラビ（聖職者）であるH・S・クシュナーは次のように考える（『なぜ私だけが苦しむのか　現代のヨブ記』）。この世に悪が存在することと神の善にして全能なることとは両立しないのではないかという問いに、クシュナーは、神は悪の原因ではなく、神は善だが全能ではない、と考える。病気や不幸は、神が人を罰するために与えたものでもなく、神の遠大な計画の一部でもない。

神が全能であれば、この世界に理不尽なことは起こらないはずだが、クシュナーのいうように、神は全能ではないと考えれば、理不尽なことが起こることを説明することはできるだろう。

**運命**

古代ギリシアでは、各人にそれぞれの運命を導くダイモーンがついていると考えられていた(プラトン『パイドン』)。プラトンは、一般の通念とは違って、運命は与えられるものではなく、各人が自分自身で選び取るものであることを強調している。

「責任は選ぶ者にある。神にはいかなる責任もない」(『国家』)

このプラトンの立場は先に見たクシュナーの立場に通じる。プラトンは神が不完全であるといっているわけではないが、はっきりしていることは、神にこの世の不幸、各人の運命の責めを帰してみても、どうにもならないということである。

そこでクシュナーは、苦しみや過去に焦点を合わせた問い、即ち、なぜこの私や家族にこんなことが起こったのかという問いを立てることから脱却し、目を未来に向けた問いを発するべきだという。

「現状はこうなのだ。私は、これから何をなすべきなのだろうか」

クシュナーは、神は悲惨な出来事を防ぐことはない、という。神の全能を信じている人には認めがたいかもしれないが、少なくともこの世界には完全な善は実現されていないと考え、不条理な現実を受け入れることから始めるしかない。しかし、そこに留まってはいけない。現状の不条理を仕方ないこととして諦めず、悲惨なことや不条理なことが起きることを防ぐことは難しいけれども、不幸を乗り越える勇気と忍耐力を持ちたい。そのような力を一体、神以外のどこから得られるか、とクシュナーはいう。人は、自分に襲いかかる出来事を前にして、ただ佇んでいる無力な存在ではないのである。不条理な出来事に遭遇した時、そこから立ち直ることは難しい。どうすれば、そのような出来事に立ち向かっていける勇気を持てるのかを考えなければならない。

人は自分に与えられ、自分がそのうちに置かれた状況を、ただ受動的に甘受するしかないというわけではない。自然災害が起きることを止めることはできない。災害は人の意志とは関係なく、人に降りかかる。それを運命と見るなら、運命から逃れることはできない。しかし、運命は与えられるものではなく、各人が自分で運命を選ぶという時、その意味は、たとえ不可避な災難がふりかかったとしても、それにどう立ち向かうかは自分で選べるという意味である。

地震に遭ったからといって、誰もが必ずＰＴＳＤ（心的外傷後ストレス障害）になるわけではない。与えられた状況の中でどう生きていくかは、自分で決めることができる。

病気になってよかったとはいえない。ならない方がいいに違いないからである。しかし、病気になった本人だけは、病気の経験を通じて学んだことがあったといえる。それが病気の意味であるということができる。

## 人はどんな状況においても自由でいられる

人間は決して環境から一方的な影響を受けるわけではない。過去の経験や外的環境はたしかに人に大きな影響を与えるが、それによって決定されるわけではない。人はどんな状況においても無力な存在ではなく、自分が置かれた状況の中でどう生きるかは本人の決断に委ねられている。

私の母は四十九歳の時に脳梗塞で倒れた。病気のために半身が不随になった母は手鏡を使って外の景色を黙って見ていた。そんな状況でも、母はなおドイツ語の勉強をしようとした。私は大学生だった時に母にドイツ語を教えていたことがあった。その時に使っていた教科書を病院に持ってきてほしいといったのである。やがて、意識のレベルが低下し、勉強を続けられなくなると、今度は私が高校生だった時に、一夏かけて読んだドストエフスキーの『カラマーゾフの兄弟』を読んでみたいといった。私はくる日もくる日も母の病床で音読したが、やがて母の意識はなくなった。人間は瀕死の重傷を負っている時ですら、自分が死ぬとは少しも思っていない。母は自分を待ち構えている運命を知らなかったかもしれない。それでも、今、できることをしようと思って生きるということはそんなに簡単なことだとは思わない。

後に私自身が心筋梗塞で倒れ、ベッドで安静を強いられ、自力で身体の向きを変えることすら許されなかった時に、母のことを思い出して苦境を切り抜けることができた。

## 今ここを生きる

アドラーは「今ここ」(here and now)というような表現を著作の中では使っていないが、sachlichという言葉を使って、人生との連関や現実との接触を失った生き方について問題にしている(『性格の心理学』)。sachlichの反意語はunsachlichである。いずれもSache(事実、現実)という名詞から由来する形容詞で、sachlichは事実に即した、現実的な、あるいは地に足が着いたというような意味である。私は「即事的」と訳した。

生きることは苦しいが、アドラーはsachlichに生きることにその苦しみを軽減する突破口を見出そうとしている。

## 自分をよく見せようとしない

まず、現実との接点を見失わずsachlichに生きるためには、自分が人からどう思われているかを気にしないことが必要である。人にどんな印象を与えているか、他の人は自分をどう思っているかということばかり気にしていると、unsachlichになり、人生との連関を見失ってしまう。この言葉の意味については先に見たように、「Sache(事実、現実)に即していない」ということである。

「実際にどうか(Sein)よりもどう思われるか(Schein)を気にすれば容易に現実との接触を失

う」(『性格の心理学』)

人からこんなふうに見られたいと思って他者の目に映る自分を作ろうとすると、他者の評価に依存することになってしまう。自分をよく見せることができたとしても、他の人が自分をどう思うかについてはどうすることもできない。

他者の評価は自分の本質には関係がない。「あなたって悪い人ね」といわれたからといって、その評価によって自分の価値が下がるのではない。反対に「あなたっていい人ね」といわれたからといって、その評価によって自分の価値が上がり、いい人になるわけではない。

他の人が自分をどう思うかということばかり気にして人に合わせる人は、自分の人生に一定の方向性を持てないばかりか、不信感を持たれることにもなる。相容れない考えを同時に受け入れたり、互いに敵対する人たちのいずれにも忠誠を誓っていることが発覚したりするからである。

他者の顔色を不断に窺い、他者に気に入られそうなことだけをいったりしたりしていると、嫌われることはないだろうが、絶えず人に合わせようとすれば、自分のではなく他者の人生を生きることになってしまう。自分を嫌う人がいるということは自由に生きているということの証であり、自由に生きるためにはそれくらいのことは支払わなければならない代償である。自由に生きていくために嫌われる勇気を持ちたいが、もともと人から嫌われることを何とも思わない人には嫌われる勇気はいらない。

## 自分や他者について理想を見ない

次に、接点を失わないためには、自分や他者について理想ではなく現実の自分や他者を見なければならない。

理想の自分ではなく現実の自分を受け入れることを「自己受容」という。これはありもしない理想の自分を受け入れるという意味での「自己肯定」とは違う。例えば、あらゆる人に好かれるということはありえない。多くの人に好かれるということはあっても、すべての人に好かれたいと思っても現実にはそういうことはありえない。

このままの自分でいいかといえばよくないが、現実の自分から出発するしかない。自分についてあまりに現実からかけ離れた理想を持つ人は、現実が理想と乖離していることを理由にして人生の課題を回避しようとしてしまう。勉強や仕事についていえば、現実の自分の力を見定め、必要があれば力をつけていくことに努めるしかないのである。

他者についての理想を見ないというのは、例えば親は子どもが病気であろうが、親から見て問題行動をしていようが、親の理想とは違おうが子どもは子どもであり、そのような子どもと生きていくということである。子どもが親の理想とは違うからといって親子の縁を切るわけにはいかない。子どものあれやこれやの行為に改善の余地があっても、とにもかくにも子どもが生きているということを受け入れたい。それが理想の子どもを見ないということである。

## 何かの実現を待たない

さらに、現実との接点を見失わないためには、何かが実現すれば、その時初めて本当の人生が始まると考えてはいけない。過去もなく未来もなく、「今ここ」にしか生きることはできないのだから、「もしも……ならば」と可能性に賭けずに生きたい。何かの実現を待たずに、今ここで本当の人生は始まっている。今はリハーサルではなく本番なのである。「もしも……ならば」と何かの実現を待つ人にとって、その何かが実現するまでの人生は仮の人生ということになってしまう。しかも、今は仮の人生を生きていると考える人は可能性の中に生きているのであり、可能性が現実になったら困るのである。

そのため、そのような人は問題の解決を先延ばしにする。どんな課題も望む成果を必ずあげることが明らかである時にだけ挑戦するという人がいる。そのような人は失敗を恐れるので、課題に挑戦することを恐れ、「足踏みしたい（時間を止めたい）と思う」（『人はなぜ神経症になるのか』）。

ヘーゲルが『法の哲学』の序文で次の言葉を引いている。

「ここがロドスだ、ここで跳べ」

出典はアイソーポス（イソップ）の寓話の中にある次のような話である（『イソップ寓話集』）。国ではいつももっと男らしくやれとけちをつけられていたオリンピア競技の選手が、ある時、海外遠征に出てしばらくぶりで帰ってきた。男はあちらこちらの国で勇名を馳せたと大言壮語したが、ことにロドス島ではオリンピア競技者でさえ届かないほどのジャンプをした。もしもロドス島へ出かけることがあれば、競技場に居合わせた人が証人になってくれようといった。すると、その場の一人が遮っていった。

「おい、そこの兄さん、それが本当なら、証人はいらない。ここがロドスだ、さあ跳んでみろ」

アイソーポスや、この言葉を引いたヘーゲルの意図は措いておくとして、私はこの選手は、可能性の中に生きる人、あるいは実行に移さなくてもよい時にだけ生きる人であると見たい。

このような人は可能性が現実になることを望まない。「あなたは本当は頭がいい子なのだからやればできる」といわれた子どもは決して勉強しない。やればできるという可能性の中に生きる限り、その可能性の中で「できる子」として生きることができる。間違っても勉強をして試験に臨み、悪い成績を取って「できない子」といわれたくないのである。

しかし、いずれ必ず結果が出るのだから、課題に挑戦することを先延ばしにしたところで甲斐はない。不本意な結果に終われば、再度挑戦すればいいだけのことである。

コンラート・ローレンツが次のような話を語っている（『人イヌにあう』）。垣根越しに激しく吠える犬は、垣根に隔たれていて相手の犬が決してこちらのなわばりに入ってこないことが確実であることが必要である。そうである限り、互いを威嚇し合うが、いつまでも続いていると思っていた垣根が途切れて対面した時、パニックに陥る。

空間的にも時間的にも安全圏にいる限り、何でもいえる。

## キーネーシスとエネルゲイア

アリストテレスは二つの動きを区別している（『形而上学』）。一つは「キーネーシス」といわれる動きで、これには始点と終点がある。この動きにおいては、始点から終点までを可能な限り効率的に動くことが求められる。そして、終点に着くまでの運動は、そこまでまだ到達していないという意味で不完全である。目標点に着かなければその動きは中断されたという意味で未完成で不完全といわなければならない。アリストテレスの表現を使えば、「なしつつある」ことではなく、どれだけのことをどれだけの間に「なしてしまった」かが重要である。

他方、「エネルゲイア」（現実活動態）と呼ばれる動きがある。この動きは喩えてみれば、二人がダンスをする時の動きである。ダンスをする二人が結果として遠くまで移動するということはあっても、どこかに到達するためにダンスをすることはない。今、ここでダンスをしているその時々の動きがそのまま完全である。エネルゲイアとしての動きは常に完全で、「どこからどこまで」という条件とも「どれだけの間に」ということも関係ない。エネルゲイアにおいては、「なしつつある」ことがそのまま「なしてしまった」ことである。

それでは、生きることはどちらの種類の動きだろうか。明らかにといっていいと思うのだが、エネルゲイアである。たしかに、人生を空間的に表象し、誕生で始まり死で終わるというふうに線分の形でイメージすることはある。今、人生のどのあたりにいると思うかとたずねると、若い人からは折り返し点よりはまだずいぶん前のところにいるという答えが返ってくる。しかし、いうまでもなく、これは八十歳くらいまで生きることを前提とした答えである。八十歳まで生きられるということは決して自明ではない。むしろ、人生が病気や事故や、災害などによっていつ幕を下ろすことになるかは誰にもわからない。

## 今ここでの幸福

オイディプスは、父を殺し母を妻とするという神託によって、生まれてすぐに父親に捨てられた。後にオイディプスはテバイの王になり、テバイに降りかかった災いの原因を探すべく先王殺しの下手人を見つけ出そうとする。ところが、自らの辿った人生を振り返ると、先王が自分の実の父であり、思いがけず自分が予言通り父を殺し母を妻としていたことを次第次第に知っていくことになる。オイディプスは絶望のあまり短剣で自らの目を刺し、盲目の身となって諸国を遍歴する。

定められた運命から逃げて行こうとしながらも、決して逃れることのできなかったオイディプス、栄華の絶頂にあったオイディプスを合唱隊は次のように歌う。

「おお、祖国テバイに住む人びとよ、心して見よ、これぞオイディプス、
かつては名だかき謎の解き手、権勢ならぶものもなく、
町びとこぞりてその幸運を、羨み仰ぎて見しものを、

ああ　何たる悲運の荒浪に　呑まれて滅びたまいしぞ。
されば死すべき人の身は　はるかにかの最期の日の見きわめを待て。
何らの苦しみにもあわずして　この世のきわに至るまでは、
何びとをも幸福とは呼ぶなかれ」（ソポクレス『オイディプス王』）

栄華の極みにあったリュディアの王、クロイソスはギリシアの七賢人の一人でアテナイの政治家であるソロンに次のようにたずねた。

「アテナイの客人よ、あなたの噂はこの国へも雷のごとく響いている。あなたの賢者であることはもとより、知識を求めて広く世界を見物してまわった漫遊のことも聞き及んでいる。そこでぜひおたずねしたい、誰かこの世界で一番幸福な人間に会ったかどうか」

クロイソスは自分こそが世界中で一番幸福な人間であるつもりでいたので、ソロンから当然自分の名前が聞かれると思っていた。ところが、ソロンは別人の名前をあげた。クロイソスはそのことを不満に思い、私のこの幸福には何の価値もないと思うのか、とソロンを問い詰めた。ソロンは答えた。どんな幸福もいつまで続くかわからない。今日幸福であっても明日のことは保障されない。「人間万事偶然のみ」と。

事実、リュディアにペルシア人が侵入し、首都サルディスは陥落した。クロイソスは堆《うずたか》く積まれた薪の上に立たされ生きながら火刑に処せられることになった。その時、ふとソロンの言葉を思い出した。

「人間は生きている限り、なにびとも幸福であるとはいえない」（ヘロドトス『歴史』）

栄華の絶頂を極めたと思える人でも最期はどうなるかわからないことをこの言葉は教える。はたして、最期の日を待たなければ人を幸福と呼ぶことはできないのだろうか。

この問いに対しては、アドラーがいうように、**sachlich**（即事的）に生きることができれば、そして、生をエネルゲイアとして捉えれば、最期の日を待つ必要がないと答えることができる。エネルゲイアとしての生は今ここで完成している。人は刻々の「今」「生きてしまっている」のである。

## エネルゲイアとしての生

ただ生きるだけではエネルゲイアとしての生を生きることにはならない。ソクラテスは次のようにいっている。

「大切にしなければならないのは、ただ生きることではなく、よく生きることである」（プラトン『クリトン』）

明日を今日の延長にしてただ生を先に延ばすだけでは、今この生を完全なものにすることはできない。明日のことを思わず、今日の一日を満ち足りたものとして過ごす。もしも一日一日を、さらには一瞬一瞬を丁寧に大切に生き切れば、ともすれば見逃してしまう何気ない瞬間が違ったふうに見えてくる。旅が目的地に着くことではなく、そこに至るまでの過程を楽しむことであるように、人生もまたそのように過程を楽しむことができる。

このように考えれば、死は人生の行く手を妨げるもの、脅威ではなくなる。たとえ生きている間に経験したことのすべてが死と共に無になるように見えてもである。ただ生きる、あるいは、生き延びることは時間の永続を願うことであるが、よく生きること、あるいは、エネルゲイアとしての生は時間を超えた永遠性を指向しているのである。

今、自分が幸福であることを妨げていることがあって、それが取り除かれれば幸福になるだろう、もしもこれやあれが実現したら幸福になれるだろうと考えること、あるいは、過去においてトラウマとなった出来事を経験したので今生きづらいというようなことをいうのは、神経症的論理である。この論理においては、生きることはキーネーシスとして捉えられている。

## 真剣に生きる

sachlich に、エネルゲイアとしての生を生きれば、過去も未来もないので、過去のことを思って後悔することも、未来のことを思って不安になることもない。

一瞬一瞬を大切にして生きたい。しかし、そのように生きるために、常に息詰まるような緊張状態にある必要はない。sachlich に生きるためには真剣でなければならないが、真剣に生きることとは深刻に生きることではない。真剣でなければ人生を楽しむことはできない。ちょうどゲームはルールを守って真剣に取り組んでこそ楽しめるのと同じである。しかし、ゲームに負けたからといって死ぬには及ばない。失敗すればやり直せばよい。生きることもゲームのように楽しんでいいのである。プラトンは、正しい生き方とは一種の遊びを楽しみながら生きることであるといっている（『法律』）。旧約聖書の『コヘレトの言葉』には、何事も、例えば、生まれる時にも、死ぬ時にも「時」があって、人が苦労してみたところで何になろう、とある。しかし、その次にはこう記されている。「人間にとって最も幸福なのは喜び楽しんで一生を送ることだ」。

楽しむには真剣でなければならない。人生も遊びであるというと抵抗する人がいるが、そのような人の人生に向かう態度は生真面目である。もちろん、このことに問題があるわけではないが深刻になることはない。

医師から診断書が出て休職できることになった人に「休めることになったのだから、元気になっていいのですよ」といったら反発される。

「病気だから休んでいるのです」

「いえ、元気になるために休んでいるのです」といっても取り付く島もない。

「旅行に行ってみてはどうですか」

「駄目です。職場から家に電話があった時に出られなかったら療養中の身なのに遊んでいると思われます」

仕事を休んでいる間、上司や同僚が常に自分のことを気にかけていると思っているのだろうが、職場の人は忙しいので、誰も休職中の人のことなど心配していない。休むというのはそういうことなのだとわかり、やがて、携帯電話を持って遠くまで旅行ができるようになった頃には、深刻さが落ち、目に見えて元気になっていく。

アドラーは、「絶えず陽気な気分で、それゆえ見せびらかしたり強調して、人生から明るい面を手に入れようとし、喜びと陽気さの中に人生の必要な基礎を創り出す努力をする人がいる」が、「レベルの違い」が見られるという（『性格の心理学』）。

「自分の中に絶えず子どもっぽい陽気な態度を現し、子どもっぽい仕方の中にまさに何か心をうきうきさせるものを持ち、課題を回避はしないが、遊びのようにそれに立ち向かって解決しようとする人がいる」（前掲書）

しかし、彼〔女〕らの中には、真剣に受け止めなければならない状況においても、あまりに人生を陽気に理解しすぎる、子どもっぽい人がいる。

「この性質は人生の真剣さからかけ離れているので、そこからよい印象を受けない。いつも不確かな感じを受ける。困難なことをあまりに簡単に超えようとするからである。よくあるように、大抵は、この認識に従って困難な課題からは遠ざけられることになる。自分から困難な課題を回避するのであれば話は別だが、彼〔女〕らが本当に困難な課題に取り組むのを見ることはない」（前掲書）

不眠を訴える人は重要な仕事を任されない。重要な仕事を任されないようにするのが不眠症の目的である。不眠症のために課題から遠ざけられる人は深刻だが、あまりに陽気な人は深刻ではないが真剣さを欠いている。陽気であることも程度問題である。どんな課題も努力することなしには達成できないが、課題を前にして、たいしたことはない、大丈夫という人がいれば、まわりは「不確かな感じ」を持たないわけにはいかない。真剣に課題に取り組んだにもかかわらず失敗したのならまだしも信頼できるが、あまりに陽気な人が「この認識に従って困難な課題から遠ざけられる」というのは、真剣に課題に取り組まないだろうと判断されるからである。

「それにもかかわらず、このタイプにいくつか共感的な言葉をいわずに別れを告げることはできない。なぜなら、このタイプの人は、普通この社会で支配的な多くの不機嫌な人に快感を起こさせ、いつも悲しげで不機嫌であり自分が出会うどんな事柄の暗い面を受け取る人よりも事柄を容易に受け入れるからである」（前掲書）

あまりに陽気であることから起こりうる問題を別とすれば、陽気な人が課題を回避するのではなく、それどころか、遊びのようにそれに立ち向かっていく人よりも「美しさと共感的な態度」（前掲書）においてこれに優るタイプはいないとアドラーはいう。真剣に、そして遊びを楽しみながら生きるためにはどうすればいいのだろうか。

## トロイメルであれ

胸に希望はあふれ、夢と理想を掲げ真摯に生きていこうと決心した若い人たちの前に、現実の厳しさと、人生を諦めた冷ややかな大人たちが立ちふさがる。若い頃によく読んだ三木清の『語られざる哲学』という本の中にこんなことが書かれていたのを思い出す。「世なれた利口な人達」は親切そうにいった。

「君はトロイメルだ。その夢は必ず絶望に於て破れるものだから、もっと現実的になりたまえ」

(『語られざる哲学』)

トロイメルとは「夢見る人」という意味である。これへの三木の答えを私はよく覚えていて、もしも誰かからそのようなことをいわれたら、私も同じように答えようと思っていた。

「私は何も知りません。ただ私は純粋な心はいつでも夢みるものだと思っています」

私自身は、幸か不幸か、このようなことをいう大人に出会ったことはなかったが、夢見ることを諦めるようにといわれても、そのような言葉には耳を傾けまいと思っていた。

三木清が『語られざる哲学』を書いたのは、二十三歳の時だった。私はいくつになっても「世なれた利口な」人になれないでいるが、そのことをひそかに誇りにしている。

純粋で感受性が強い人は生きにくいと思うだろう。しかし、そのような人も理想を引き下げ、現実的になってしまう。どこかで妥協し、何かを鈍磨させてしまう。そのようなことをしなくてもいいことを知ってほしい。

**導きの星としての理想**

三木清のいうトロイメル、夢見る人は理想を掲げて真剣に生きる。ちょうど旅人が北極星を頼りに旅するように、「導きの星」（『生きる意味を求めて』）に目を向けている限りは迷うことはない。これが目に入っていなければ、目先のことにとらわれ、刹那的にしか生きることはできない。理想を見据えていなければ、「今ここ」の生き方は刹那主義でしかない。

その理想は他者貢献である。どうすることが他者に貢献することなのかはこれまで見てきた通りである。アドラーは他者貢献こそ「善」であると考えるが、貢献は何か特別なことをするという意味ではない。この私が生きていることが既に他者に貢献している。そのことを出発点として、できることがあればそれをしていく。理想を見据えている限りは、最終的に達成したい目標は常に視野に入っているので何をしてもいい。誰かと競争する必要はなく、過去も未来もない「今ここ」を真剣に、しかし深刻にならずに楽しんでダンスのように生きていく。そうすれば、どこかに必ずたどり着くが、そこに到着することではなく、他者貢献を理想、目標にしてそこに至る過程を sachlich に生きよ、とアドラーはいうわけである。アドラーのいう目的論は、善を志向しているという意味であって、何か目的を立てる時に、その目的が必ず未来になければならないわけではない。

## 楽観主義

「人間を別の仕方でも、即ち、いかに困難に立ち向かうかによって分類することもできる。楽観主義者は、性格の発達が全体として真っ直ぐな方向を取る人のことである。彼〔女〕らは、あらゆる困難に勇敢に立ち向かい、深刻に受け止めない。自信を持ち、人生に対する有利な立場を容易に見出してきた。過度に要求することもない。自己評価が高く、自分が取るに足らないとは感じていないからである。そこで、彼〔女〕らは、人生の困難に、自分を弱く、不完全であると見なすきっかけを見出すような他の人よりも容易に耐えることができ、困難な状況にあっても、誤りは再び償うことができると確信して、冷静でいられる」(『性格の心理学』)

楽観主義者は困難を深刻に受け止めずそこから逃げることはない。先に見たように、深刻になることなく、困難な課題を前にしても真剣に立ち向かう。人生の困難に立ち向かうことは時に容易なことではないが、初めから諦めることはない。

自分は弱く不完全なので困難に立ち向かえないと思う人は初めから困難に挑戦しようとはしない。自分が弱く不完全であることを課題に挑戦しないことの口実にし、かつ、そのことが自他共に認められるために課題に立ち向かわないのである。

逆に、自分に価値があると思い、自己評価が高い人は困難に耐えることができる。誤ったり失敗するようなことがあっても、もうどうにもならないと思って諦めるのではなく、できることはしようと思える。失敗を償うために可能な限りの原状回復を試みるということが、真剣に課題に取り組むことである。課題に取り組むための安直な方法はないが、真剣に取り組めばできないことはそれほど多くはない。多くの場合、課題に取り組む前から諦めてしまうことが多い。失敗すれば最初からやり直せばいいのであって、失敗を悔やみいつまでも悩んでも甲斐はない。

パソコンで書いていた何万字もの原稿を操作ミスで一瞬にして失くした人がいた。彼は三十秒、失った原稿を前に呆然とした。しかし、三十秒後、また最初から原稿を書き直した。結局のところ、どれほど悩んでも、失われた原稿は元には戻らない。失ったものを諦める勇気を持たなければ、再び前に進むことはできない。

内村鑑三は、イギリスの思想家、歴史家であるカーライルを引き合いに出し、カーライルが偉大であるのは『フランス革命史』を残したからではなく、何十年もかけて書いた『フランス革命史』が、不運にも暖炉に火をつける時の反故とされて消滅した時にも、なお勇敢に書き直したという事実が人の心を打つのであり、同じような不運に遭遇した人を勇気づける。本よりも、そのような彼の生き方の方が後世への遺物なのである、といっている(『後世への最大遺物』)。

カーライルは何十年かかって書いた本を失った時十日もの間ぼんやりしていた。しかし、われに帰って自分に次のように語って自分を勇気づけ、再び筆を執った。

「トーマス・カーライルよ、汝は愚人である、汝の書いた『革命史』はソンナに貴いものではない、第一に貴いのは汝がこの艱難に忍んでそうしてふたたび筆を執って書き直したことである。それが汝の本当にエライところである、実にそのことについて失望するような人間が書いた『革命史』を社会に出しても役に立たぬ、それゆえにモウ一度書き直せ」(前掲書)

楽観主義者は、このような困難で危機的な状況を前にしても、「誤りは償うことができる」と確信できるのである。アドラーは、自分に与えられた課題を円滑に解決できると信じる楽観主義を持った子どもについて、そのような子どもは、自分の中に「自分の課題を解決できると見なす人に特徴的な性格特性を発達させる」として、「勇気、率直さ、信頼、勤勉」などをあげている（『人間知の心理学』）。

「勇気があり、忍耐強く、自信を持ち、失敗は決して勇気をくじくものではなく、新しい課題として取り組むべきものであると考えるように教育する方がずっと重要である」（『子どもの教育』）

失敗しない人はいない。失敗した時は、失敗の責任を取るしかない。自分が「弱く、不完全である」と見なしたい人は、悲嘆に暮れたり反省しているふりをするだろうが、そんなことをしても事態は何一つ好転しない。

## 悲観主義

他方、「自分を弱く、不完全であると見なすきっかけを見出すような」人は、このような時に冷静でいることはできない。そのような人は、何十年もかけて書き上げた原稿を失くしたら、おそらく何もしないだろう。そのような出来事を「自分を弱く、不完全であると見なすきっかけ」にしようとしているので、再び書き始めることができれば、自分が弱くはないことが明らかになってしまうからである。自分が不完全で弱いことが明らかになれば、今後重要な課題に立ち向かうことを免除されると考えているのである。

「別のタイプである悲観主義者は、もっとも困難な教育問題を引き起こす。このタイプの人は、子ども時代の体験と印象から劣等感を持ち、あまりの困難のゆえに、人生は容易ではないと感じるようになったのである。正しくない扱いによってひとたび養われた悲観的な世界観の勢力範囲の中で、彼〔女〕らのまなざしは、常に人生の影の面に向けられ、楽観主義者よりも、人生の困難を意識し、容易に勇気を失う」（『性格の心理学』）

重要なことは、何かの困難にあったから悲観主義者になるのではないということである。たとえ同じことに遭遇しても、それに勇敢に立ち向かう人はいる。むしろ、課題に直面しないために悲観主義になるというのが正しい。

たしかに最初は何かきっかけがあって、アドラーがいうように劣等感を持つようになるということがあるかもしれないが、その後、常に「人生の影の面」に目を向け、生きることはつらいことだと嘆息するかどうかは人による。

自分の課題を解決できないと信じている子どもは「悲観主義」の性格特性を発達させるとアドラーはいう。

「臆病、小心、自己を閉ざすこと、不信、その他、気の弱い人が自分の身を守ろうとする性格特性を見ることができる」（『人間知の心理学』）

そのような子どもは、自分はもう何もできないという「諦念」にかられ、人生の前線のずっと後ろに位置し、課題から遠く離れることになる。何をしても何ともならないと考える人は何もしないのである。悲観主義者は困難に直面した時にこのように何もしない。楽観主義者は、「あらゆる困難に勇敢に立ち向かう」のであり、その際、困難に直面しても「深刻に受け止めない」。「自信を持ち、人生に対する有利な立場を容易に見出し」「過度に要求すること」もしない。過度に要求しないというのは、結局のところ、課題に立ち向かっても、自分の力が及ばないことはあるということを認めるということである。それでも楽観主義者は与えられた状況においてできることはするというところが、悲観主義者とは違うところである。

多くの人間は、できることは何もない、人間の力を超えたものがあるという考えにとらわれている。悲観主義者はこのように考えて人生の課題に取り組もうとはしない。アドラーは、次のような話を学生によく話したといっている。

「われわれのうんと遠い祖先がある時木の枝にすわっていると想像しなさい。その祖先にはまだ巻き尾があり、人生があまりに惨めなので何をするべきか考えている。別の人がいった。「そんなことを思い悩んでどうなるというのだ。事態はわれわれの力を超えている。どうすることもできない。木の上にいるのが一番いい」。もしもこのように説得した人の考えが受け入れられていたらどうなっていただろう。われわれは今もずっと木の上にすわり、巻き尾を持っていたことだろう。実際はどうだろう。木の上にいた人は今はどこにいるのか。絶滅してしまったのだ。この絶滅のプロセスは今も絶え間なく続いている。それは非常に残酷である。事実の論理は残酷である。木から下りてこなかったために、無数の人が犠牲になったことは疑いない。人々が絶滅し、家族が滅びた。人生の要求に対する答えが誤っていたからである」（『個人心理学の技術Ⅱ』）

どうすることもできないといって、何もしない悲観主義者はどうなったか。「絶滅した」とアドラーはいう。

## 二匹の蛙

アドラーが友人に語った次のようなエピソードがある。

二匹の蛙がミルクが入った壺のふちのところで飛び跳ねて遊んでいた。遊びに夢中になるうち、両方の蛙ともミルク壺の中に落ちてしまった。そのうち一匹の蛙は最初しばらく足をばたばた動かしていたが、もうだめだと諦めてしまった。ガーガー鳴いて何もせずじっとしているうちに溺れて死んでしまった。

もう一匹の蛙も同じようにミルク壺の中に落ちたが、どうなるかはわからないけれど何とかしよう、今できることは足を動かすことだと思って足を蹴って懸命に泳いだ。すると、思いがけず足の下が固まった。ミルクがバターになったのである。それでその上に乗って外に飛び出すことができ生還することができた（Manaster et al. eds., *Alfred Adler: As We Remember Him*）。

このうち前者の蛙は悲観主義者である。「何ともならない」と諦めてしまう悲観主義者は状況に対する勇気を欠いており（『個人心理学講義』）、何もしない。

先ほど述べた後者の蛙は「何ともならない」とすぐに諦めてしまう悲観主義者ではない。楽観主義者は現実を見据え、ありのままの現実から出発する。現実をありのままに見て、自分に都合のいい意味づけ（属性化）をしない。その現実においてできることをしていく。

この蛙はあくまでも結果として助かったということではあるが、悲観主義者の蛙がどうにもならないと思って諦めたのに対して、この蛙はミルク壺に転落したという状況の中でできることをした。アドラーはこのような楽観主義を子どもたちに吹き込む必要を説いている（『子どもの教育』）。

もしもミルク壺に転落した蛙が楽天主義者であれば、「大丈夫、何とかなる」と考えて何もしなかったであろう。楽天主義者は何が起こっても大丈夫、悪いことは起こらないと考え、どんなことが起こっても何とか「なる」といって何もしない。超自然的な働きによって窮境から逃れたいとも考える。しかし、待っていても何も起こらない。何とかなるかどうかなど誰にもわからない。

一見楽天的に見えても実際にはそうでないこともある。アドラーは、人があらゆる状況で楽天的であれば、そのような人は間違いなく悲観主義者だといっている（前掲書）。敗北に直面しても驚いたふうには見えない。すべてはあらかじめ決まっていると感じ、楽天家であるように見せているだけである。

そのような人は自分が思うようにはならなかったことを目の当たりにすれば落胆するだろう。自分の運命があらかじめ決まっていると感じる人は、何か恐ろしい出来事に遭遇したが、幸い、その時には傷つくことなく助かった人である。そのような人は自分がより高い目的へと運命づけられていると感じる。

アドラーはそのように感じていた人が、期待していたこととは違った経験をしてからというもの、勇気をくじかれうつ状態になってしまった事例をあげている（『個人心理学講義』）。

この人は、ある時、ウィーンの劇場に行こうとしていた。ところが、直前になって別のところへ行かなければならないことになった。ようやく劇場に着くと、劇場は焼け落ちていた。何もかも失われた。それなのに、自分だけは助かった。このような経験をした人が、自分が高い目的へと運命づけられていると感じるのは容易に想像できる。万事はうまくいっていた。しかし、妻との関係が破綻すると、彼は挫折してしまった。その経験をきっかけに彼にとって重要な支えが崩れ落ちた。運命論者である彼は、妻との関係をよくする努力をしなかったのである。アドラーは次のように説明する。

「運命論は、有用な線に沿って活動しようと努め、そのような活動を築きあげるという課題からの臆病な逃避であるということである。この理由から、運命論は偽りの支えであることがわかる」（前掲書）

アドラーは、世界は薔薇色であるといってみたり、逆に世界を悲観的な言葉で描写することを避けるべきだといっている（『子どもの教育』）。前者は楽天主義を、後者は悲観主義を助長することになる。

第二次世界大戦中、ダッハウにユダヤ人の強制収容所があった。アドラーから先ほど紹介した蛙のエピソードを聞かされたアルフレッド・ファロウは、この収容所にいた時、このエピソードを収容所にいた人に話すことで、多くの人々を無気力から奮い起こすことができたといっている。他のユダヤ人は、ガス室に送られる前に精神的にまいったのである（Manaster et al. eds., *Alfred Adler: As We Remember Him*）。

おそらくは二匹の、一方は悲観主義の他方は楽観主義の蛙の話を聞いた時、多くの人は後者の楽観主義の蛙に自分を重ね合わせたに違いない。そうすることで自分が置かれた現実にいながら現実を超えることができたのであろう。

## 人生の課題から逃げない

「性生活が不完全な人、仕事で努力しない人、あるいは、友人がほとんどいなくて仲間と接触することを苦痛だと思うような人を仮定しよう。そのような人は、人生において自分自身によって課せられた限界と制限から、生きていることを好機がほとんどなく失敗ばかりの困難で危険なことと見ている、と結論づけてよい。そのような人の行動範囲が狭いことは、次のような考えを表現していると解釈できる。「人生は、危害に対してバリケードで自分を守り、無傷で逃れることによって自分自身を守ることである」」（『人生の意味の心理学（上）』）

「性生活が不完全な人、仕事で努力しない人、あるいは、友人がほとんどいなくて仲間と接触することを苦痛だと思うような人」は、通常のアドラーが言及する順序とは異なるが、順番に愛の課題、仕事の課題、交友の課題において問題を抱える人を指している。そのような人が、「生きていることを好機がほとんどなく失敗ばかりで困難で危険なこと」と見るようになったのは、ここでも「人生において自分自身によって課せられた限界と制限」からだとされている。

たしかに着手するどんな課題も首尾よくできるかといえばそんなことはない。しかし、失敗の経験を重ねることで、もはや課題を解決しようとはせず、また解決できないのは、実際に人生や自分自身について制限があるからではなく、人生の課題に直面しないために自分で制限を課しているからである。もちろん、課題から逃れれば、傷つくことはないだろう。人生を「危険」と見なす人がいるとすれば、そうする必要があるからである。「無傷で逃れることによって自分自身を守る」ためには、人生の課題を回避しなければならず、回避することを正当化するために人生が危険であると見なさなければならないのである。それはその人固有の人生についての意味づけでしかない。

「他方、次のような人を観察すると仮定しよう。その人は親密で協力に満ちた愛の関係を持っており、仕事は有益な成果へと結実し、友人は多く、人との結びつきは広く豊かである。このような人は、人生を多くの好機を提供し、取り消しのできない失敗をもたらすことがない創造的な課題と見ていると結論づけてよい。その人の人生のすべての課題に直面する勇気は次のようにいっていると解釈できる。「人生は仲間に関心を持ち、全体の一部であり、人生の幸福に貢献することである」」（前掲書）

このような人はたとえ何かの課題に躓くことがあっても、そのために自分は不運であるとは考えず、失敗ですら好機と見ることができる。失敗しても、その失敗は決して「取り消しのできない」ものではないと見なすことができる。

「人生は仲間に関心を持ち、全体の一部であり、人生の幸福に貢献することである」

これは、共同体感覚を簡潔にまとめた説明である。

## 自分が自分の運命の主人

人は決して運命に翻弄される無力な存在ではない。もちろん、これは人生が思いのままになるというようなことではない。生きていればこの人生は決して思いのままにならないことを思い知らされる現実に必ず直面する。それでも、なおこの人生を生き抜いていかなければならない。どんな困難に直面しても、身体の状態、遺伝、過去の生育歴、経験した事故や災難などに目を向けている限り、少しも前に進めない。アドラーは次のようにいっている。

「われわれがこの方法（個々の現象だけを見るのではなく、常に全体の中における人の位置に注目すること）を立てて守ることができれば、そして、自分をより深く知ることによって、より適切な仕方でふるまうことができるということをはっきりと自覚すれば、他の人に対して、とりわけ子どもたちに対して影響を及ぼすことに成功し、自分の運命を変えられないものと見たり、暗い家族の雰囲気の中に生まれたという理由で、不幸になったり、不幸なままであることを防止することも可能だからである。もしもそのことに成功すれば、人類の文化は前に向かって決定的な一歩を踏み出したことになり、自分が自分の運命の主人であることを意識する世代が育つ可能性がある」（『性格の心理学』）

既に何度も見てきたように、何かがうまくいっていない時、そのことの原因を自分以外のものに求めることができれば楽になるだろう。しかし、アドラーはそんなことは決していわない。これからどうするかだけが重要なのであって、今の問題がどこにあるかがわかれば、そして、これまでとは違った生き方を選ぶ勇気を持ちさえすれば、「運命の主人」になることができる。

# あとがき

子どもがまだ幼かった頃、たまたまジェラルド・ダレルの『虫とけものと家族たち』を読みました。これはギリシアのコルフ島へ移住した一家の物語です。訳者の池澤夏樹はあとがきの中で次のようにいっています。

「幸福の定義について哲学者たちは古来いろいろと理屈をならべてきたが、実例を出すという一番わかりやすくて簡単な方法をとった者はいない」

一体、人は幸福になれるのか、不幸であることを望んではいないのに不幸な人がいるのはなぜか。そもそも幸福とは何か。このようなことは、古代ギリシア以来、西洋哲学の中心テーマであり、私自身もこのテーマについて考察を続けてきました。

しかし、池澤が指摘するように、私自身も含めて「実例」を出せる哲学者、つまり、「ほら私はこんなに幸福なのですよ」といえる人がいなかったのかもしれません。

「たぶん哲学者たちはあまり幸福ではなかったのだろう」と池澤は続けていいます。たしかに哲学者の肖像画や近世以降であれば写真の中で微笑んでいる哲学者をすぐに思い出すことはできません。

「幸福の典型的な例を書いた本」（池澤）である『虫とけものと家族たち』を読んだ私は、この本に出てくる末っ子のジェリーと犬のロジャーを、私の息子とアニーという名のシェパードに重ね合わせ、子どもが自然の中で大らかに育っていくことを夢想したものです。そして、私自身についていては、哲学者たちがあまり幸福でなかったのであれば、私こそ幸福な哲学者になってみせようと思いました。

しかし、ダレル一家のコルフ島での暮らしは幸福の実例ではあっても、私が幸福になるための理論的支えにはならず（そのようなものを探そうとするのが哲学者の悪癖かもしれません）、私は保育園に毎日送り迎えする中での子どもとの闘いの日々に疲弊していました。その頃、アドラーに出会いました。私はアドラーの思想は二十世紀初頭のウィーンに突如として現れたのではなく、ギリシア哲学と同一線上にある哲学だと考えていますが、その思想はより具体的なものです。自明性を拒み、社会や文化の既成の価値観を徹底的に疑い批判することは、哲学の精神そのものといえます。アドラーの考えを学ぶことで、自分や他者、あるいはこの世界を解く鍵を手にした私はたちまちアドラーの虜《とりこ》になりました。

ギリシア哲学と並行してアドラー心理学を学ぶことになった私ですが、再び私自身が幸福になろうと強く思いました。哲学者はあまり幸福ではなかったのだろうという池澤は、先の引用に続けて「ぼくたちはみんな幸福な人間と知り合いになりたいと思っている」といっています。本文でも言及しましたが、どれほど幸福とは何かを論じても「レゾナンス」（共鳴）によってしか伝わらないものがあります。それを論じる人が幸福でなければまったく説得力がありません。幸福な人を見ればその幸福は他者にも伝わっていくのです。もしも自分が幸福になることで他者の中にその人の幸福が共鳴することを望むのであれば、ただ理論を学ぶだけでは足りません。アドラーは次のようにいっています。

「心理学は一朝一夕に学ぶことができる科学ではなく、学び、かつ、実践しなければならない」（『子どもの教育』）

ところで、人は一人では幸福になることはできません。たしかに一人であれば他者から裏切られたり、憎まれたり、嫌われたりすることはないでしょうが、本文でも見たように、生きる喜びも対人関係からしか得ることはできません。

高校時代に友人がいないことを心配した母が担任の先生に相談したところ、先生が「彼は友人を必要としない」と答えたことを思い出しました。母からこの言葉を聞いた私は自分の生き方が肯定され後押しされたような気持ちになりました。いつも私は友人の数を競ったりすることはしませんでしたし、クラスの中にいくつかあったグループのいずれにも属することなく、孤高を持していました。友人の数を増やしたいのであれば、皆にいい顔をすればよかったのです。

しかし、高校時代ずっと私に友人がいなかったわけではありません。後にタイでジャーナリストとして活動していた日下部政三君のことだけはひそかに友人だと思っていました。彼とした議論を今も覚えています。彼は同い年なのに私とは比ぶべくもないほど精神的に成熟していました。

高校卒業後一度も会うことがないまま、彼は、昨年、異国の地で客死しました。長く会わなくても高校生だった時と同じように、彼だったらどう考えるだろうと思い出せることは私にとっては喜びでした。名誉や社会的地位などには関心がなく、ただ真実を報道することだけを自らの使命と考えていた彼の生き方は私の中で今も強く共鳴しています。

本書が成るにあたって多くの人の助力を得ました。就中《なかんずく》、編集担当の北村善洋さんは何度もメールのやりとりをし、実際に会って対話を重ねる中、的確な助言によって私が少しずつ想を練り本書を書き上げる力になってくださいました。ありがとうございました。

妻の慶子は草稿の段階から私の原稿を丹念に読んでくれました。妻は三月に退職したので時間に余裕ができ、学生の頃のように議論を重ねることができたことは望外の喜びでした。

二〇一五年六月

岸見一郎

# 参考文献


Adler, Alfred, *The Individual Psychology of Alfred Adler: Systematic Presentation in Selection from his Writings*, Ansbacher, Heinz L. and Ansbacher, Rowena R. eds., Basics, 1956.

Adler, Alfred, *Superiority and Social Interest: A Collection of Later Writing*, Ansbacher, Heinz L. and Ansbacher, Rowena R. eds.,W.W.Norton,1979 (Original:1964).

Adler, Alfred, *Adlers Individualpsychologie*, Ansbacher, Heinz L. and Ansbacher, Rowena R. eds., Ernst Reinhardt Verlag, 1982.

Adler, Alfred, *Adler Speaks: The Lectures of Alfred Adler*, Stone, Mark and Drescher, Karen eds., iUniverse, Inc.,2004.

Adler, Alfred, *Über den nervösen Charakter: Grundzüge einer vergleichenden Individualpsychologie und Psychotherapie*, Vandehhoeck & Ruprecht, 1907.

Adler, Alfred, 'Das Todesproblem in der Neurose', *Alfred Adler Psychotherapie und Erziehung Band III*, Frankfurt am Main: Fischer Taschenbuch Verlag, 1983 (Original: 1936).

Adler, Alfred, "Über den Ursprung des Strebens nach Überlegenheit und des Gemeinschaftsgefühls," Internationale Zeitschrift fur Individualpsychologe, 11, Jahr. 1933 (*Alfred Adler Psychotherapie und Erziehung Band III*), Frankfurt am Main: Fisher Taschenbuch Verlag, 1983 (Original: 1964).

Alain, *Propos sur le bonheur*, Gallimard, 1998.

Ansbacher, Heinz L, Introduction. In Adler, Alfred, *The Science of Living*, Double Day, 1996 (Original: 1929).

Bottome, Phyllis, *Alfred Adler: A portrait from life*, Vanguard, 1957.

Burnet, J.ed., *Platonis Opera, 5 vols.*, Oxford University Press, 1899–1906.

Dinkmeyer, Don C. et al., *Adlerian Counseling and Psychotherapy*, Merrill Compay, 1987.

Fromm, Erich, *Haben oder Sein*, Deutscher Taschenbuch Verlag, 1976.
Laing, R.D., *Self and Others*, Pantheon Books, 1956.
Manaster, Guy et al. eds., *Alfred Adler: As We Remember Him*, North American Society of Adlerian Psychology, 1977.
Rilke, Rainer Maria, *Briefe an einem jungen Dichter*, Insel Verlag, 1975.
Ross, W.D.(rec.), *Aristotle's Metaphysics*, Oxford University Press,1948.
Shulman, Bernard, *Essays in Schizophrenia*, The Williams & Wilkins Company, 1968.
Sicher, Lydia, *The Collected Works of Lydia Sicher: Adlerian Perspective*, Adele Davidson ed., QED Press, 1991.
アドラー、アルフレッド『生きる意味を求めて』岸見一郎訳、アルテ、二〇〇八年
アドラー、アルフレッド『教育困難な子どもたち』岸見一郎訳、アルテ、二〇〇八年
アドラー、アルフレッド『人間知の心理学』岸見一郎訳、アルテ、二〇〇八年
アドラー、アルフレッド『性格の心理学』岸見一郎訳、アルテ、二〇〇九年
アドラー、アルフレッド『人生の意味の心理学（上）』岸見一郎訳、アルテ、二〇一〇年
アドラー、アルフレッド『人生の意味の心理学（下）』岸見一郎訳、アルテ、二〇一〇年
アドラー、アルフレッド『個人心理学の技術Ⅰ　伝記からライフスタイルを読み解く』岸見一郎訳、アルテ、二〇一一年
アドラー、アルフレッド『個人心理学の技術Ⅱ　子どもたちの心理を読み解く』岸見一郎訳、アルテ、二〇一二年
アドラー、アルフレッド『個人心理学講義　生きることの科学』岸見一郎訳、アルテ、二〇一二年
アドラー、アルフレッド『性格はいかに選択されるのか』岸見一郎訳・注釈、アルテ、二〇一三年
アドラー、アルフレッド『子どものライフスタイル』岸見一郎訳、アルテ、二〇一三年
アドラー、アルフレッド『勇気はいかに回復されるのか』岸見一郎訳・注釈、アルテ、二〇一四年
アドラー、アルフレッド『人はなぜ神経症になるのか』岸見一郎訳、アルテ、二〇一四年
アドラー、アルフレッド『恋愛はいかに成就されるか』岸見一郎訳・注釈、アルテ、二〇一四年
アドラー、アルフレッド『子どもの教育』岸見一郎訳、アルテ、二〇一四年

アラン『幸福論』串田孫一・中村雄二郎訳、白水社、二〇〇八年
伊坂幸太郎『PK』講談社、二〇一二年
伊坂幸太郎『死神の浮力』文藝春秋、二〇一三年
イソップ『イソップ寓話集』中務哲郎訳、岩波書店、一九九九年
内村鑑三『後世への最大遺物・デンマルク国の話』岩波書店、一九四六年
内山章子「姉・鶴見和子の病床日記」、鶴見和子『遺言　斃れてのち元《はじ》まる』所収、藤原書店、二〇〇七年
エピクロス『エピクロス　教説と手紙』出隆・岩崎允胤訳、岩波書店、一九五九年
オハンロン、ビル『考え方と生き方を変える10の法則　原因分析より解決志向が成功を呼ぶ』阿尾正子訳、主婦の友社、二〇〇〇年
キケロー『老年について』中務哲郎訳、岩波書店、二〇〇四年
岸見一郎『アドラー心理学入門　よりよい人間関係のために』KKベストセラーズ、一九九九年
岸見一郎『不幸の心理　幸福の哲学　人はなぜ苦悩するのか』唯学書房、二〇〇三年
岸見一郎『アドラーに学ぶ　生きる勇気とは何か』アルテ、二〇〇八年
岸見一郎『アドラー　人生を生き抜く心理学』NHK出版、二〇一〇年
岸見一郎『困った時のアドラー心理学』中央公論新社、二〇一〇年
岸見一郎『アドラーに学ぶII　愛と結婚の諸相』アルテ、二〇一二年
岸見一郎『よく生きるということ　「死」から「生」を考える』唯学書房、二〇一二年
岸見一郎『アドラーを読む　共同体感覚の諸相』アルテ、二〇一四年
岸見一郎『高校生のためのアドラー心理学入門　なぜ自分らしく生きられないのか』アルテ、二〇一四年
岸見一郎『子育てのためのアドラー心理学入門　どうすれば子どもとよい関係を築けるのか』アルテ、二〇一四年
岸見一郎『介護のためのアドラー心理学入門　どうすれば年老いた親とよい関係を築けるのか』アルテ、二〇一四年
岸見一郎『アドラー心理学実践入門　「生」「老」「病」「死」との向き合い方』KKベストセラーズ、二〇一四年
岸見一郎『叱らない子育て』学研パブリッシング、二〇一五年

岸見一郎、古賀史健『嫌われる勇気』ダイヤモンド社、二〇一三年
クシュナー、H・S『なぜ私だけが苦しむのか　現代のヨブ記』斎藤武訳、岩波書店、二〇〇八年
サン＝テグジュペリ『人間の土地』堀口大學訳、新潮社、一九五五年
重松清『その日のまえに』文藝春秋、二〇〇八年
城山三郎『無所属の時間で生きる』新潮社、二〇〇八年
ソポクレス『コロノスのオイディプス』高津春繁訳、『ギリシア悲劇全集　第二巻』所収、人文書院、一九六〇年
ソポクレス『オイディプス王』藤澤令夫訳、岩波書店、一九六七年
高山文彦『父を葬《おく》る』幻戯書房、二〇〇九年
太宰治『二十世紀旗手』、新潮社、二〇〇三年
多田富雄『寡黙なる巨人』集英社、二〇〇七年
田中美知太郎『プラトンⅡ　哲学（1）』岩波書店、一九八一年
ダレル、ジェラルド『虫とけものと家族たち』池澤夏樹訳、中央公論新社、二〇一四年
デカルト『方法序説』谷川多佳子訳、岩波書店、一九九七年
ドストエフスキー『白痴（上）』木村浩訳、新潮社、一九七〇年
二宮正之『私の中のシャルトル』筑摩書房、二〇〇〇年
波多野精一『宗教哲学』岩波書店、一九三三年
ヒルティ、カール『眠られぬ夜のために』草間平作・大和邦太郎訳、岩波書店、一九七三年
藤澤令夫『藤澤令夫著作集』全七巻、岩波書店、二〇〇〇—〇一年
フランクル、ヴィクトール『それでも人生にイエスと言う』山田邦夫・松田美佳訳、春秋社、一九九三年
フランクル、ヴィクトール『宿命を超えて、自己を超えて』山田邦夫・松田美佳訳、春秋社、一九九七年
フランクル、ヴィクトール『意味への意志』山田邦夫訳、春秋社、二〇〇二年
フロム、エーリッヒ『生きるということ』佐野哲郎訳、紀伊國屋書店、一九七七年
フロム、エーリッヒ『愛するということ』鈴木晶訳、紀伊國屋書店、一九九一年

ベルク、ヴァン・デン『病床の心理学』早坂泰次郎・上野矗訳、現代社、一九七五年
ヘロドトス『歴史（上）』松平千秋訳、岩波書店、一九七一年
ホフマン、エドワード『アドラーの生涯』岸見一郎訳、金子書房、二〇〇五年
三木清『語られざる哲学』『三木清全集　第十八巻』所収、岩波書店、一九六八年
森有正『いかに生きるか』講談社、一九七六年
森有正『旅の空の下で』『森有正全集4』所収、筑摩書房、一九七八年
森有正『バビロンの流れのほとりにて』『森有正全集1』所収、筑摩書房、一九七八年
リルケ、ライナー・マリア『若き詩人への手紙』佐藤晃一訳、角川書店、一九五二年
リルケ、ライナー・マリア『フィレンツェだより』森有正訳、筑摩書房、一九七〇年
ルクレティウス『事物の本性について』藤澤令夫訳、『世界古典文学全集　第二十一巻』所収、筑摩書房、二〇〇二年
レイン、R・D『レイン　わが半生　精神医学への道』中村保夫訳、岩波書店、二〇〇二年
ローレンツ、コンラート『人イヌにあう』至誠堂、一九八一年
『聖書』新共同訳、日本聖書協会、一九八九年

## 岸見一郎 きしみ・いちろう

一九五六年、京都生まれ。京都大学大学院文学研究科博士課程満期退学（西洋哲学史専攻）。専門の哲学に並行してアドラー心理学の研究をしている。奈良女子大学文学部非常勤講師（古代ギリシア語）、前田医院勤務などを経て、京都聖カタリナ高校看護専攻科（心理学）、明治東洋医学院専門学校（教育心理学、臨床心理学）非常勤講師。日本アドラー心理学会認定カウンセラー、日本アドラー心理学会顧問。著書に『嫌われる勇気』（古賀史健との共著、ダイヤモンド社）、『アドラー心理学入門』（KKベストセラーズ）、『アドラー人生を生き抜く心理学』（NHK出版）、『高校生のためのアドラー心理学入門』（アルテ）など。訳書にアルフレッド・アドラー『個人心理学講義』『人はなぜ神経症になるのか』（ともに、アルテ）など。



筑摩選書 0120

# 生《い》きづらさからの脱却《だっきゃく》 アドラーに学《まな》ぶ

二〇一五年九月一五日　初版第一刷発行
二〇一六年四月二十五日　初版第二刷発行

著　者　岸見《きしみ》一郎《いちろう》

発行者　山野浩一

発行所　株式会社筑摩書房
東京都台東区蔵前二-五-三　郵便番号 一一一-八七五五
振替　〇〇一六〇-八-四一二三

装幀者　神田昇和

印刷 製本　中央精版印刷株式会社





乱丁・落丁本の場合は左記宛にご送付ください。

送料小社負担でお取り替えいたします。

ご注文、お問い合わせも左記へお願いいたします。

筑摩書房サービスセンター
さいたま市北区櫛引町二-六〇四　〒三三一-八五〇七　電話 〇四八-六五一-〇〇五三




ISBN978-4-480-01625-6 C0311

筑摩選書 0014

瞬間を生きる哲学
〈今ここ〉に佇む技法

古東哲明

私たちは、いつも先のことばかり考えて生きている。だが、本当に大切なのは、今この瞬間の充溢なのではないだろうか。利那に存在のかがやきを見出す哲学。

筑摩選書 0020

利他的な遺伝子
ヒトにモラルはあるか

柳澤嘉一郎

遺伝子は本当に「利己的」なのか。他人のために生命さえ投げ出すような利他的な行動や感情は、なぜ生まれるのか。ヒトという生きものの本質に迫る進化エッセイ。

筑摩選書 0022

日本語の深層
〈話者のイマ・ココ〉を生きることば

熊倉千之

日本語の助動詞「た」は客観的過去を示さない。文中に遍在する「あり」の分析を通して日本語の発話の「イマ・ココ」性を究明し、西洋語との違いを明らかにする。

筑摩選書 0030

公共哲学からの応答
3・11の衝撃の後で

山脇直司

3・11の出来事は、善き公正な社会を追求する公共哲学という学問にも様々な問いを突きつけることとなった。その問題群に応えながら、今後の議論への途を開く。

筑摩選書 0037

主体性は教えられるか

岩田健太郎

主体的でないと言われる日本人。それはなぜか。この国の学校教育が主体性を涵養するようにはできていないのではないか。医学教育をケーススタディとして考える。

筑摩選書 0038

救いとは何か

森岡正博
山折哲雄

この時代の生と死について、救いについて、人間の幸福について、信仰をもつ宗教学者と、宗教をもたない哲学者が鋭く言葉を交わした、比類なき思考の記録。

筑摩選書 0043

# 悪の哲学　中国哲学の想像力

中島隆博

孔子や孟子、荘子など中国の思想家たちは「悪」について、どのように考えてきたのか。現代にも通じるこの問題と格闘した先人の思考を、斬新な視座から読み解く。

筑摩選書 0044

# さまよえる自己　ポストモダンの精神病理

内海健

「自己」が最も輝いていた近代が終焉した今、時代を映す精神の病態とはなにか。臨床を起点に心や意識の起源に遡り、主体を喪失した現代の病理性を解明する。

筑摩選書 0048

# 宮沢賢治の世界

吉本隆明

著者が青年期から強い影響を受けてきた宮沢賢治について、機会あるごとに生の声で語り続けてきた三十数年に及ぶ講演のすべてを収録した貴重な一冊。全十一章。

筑摩選書 0049

# 身体の時間　〈今〉を生きるための精神病理学

野間俊一

加速する現代社会、時間は細切れになって希薄化し、心身に負荷をかける。新型うつや発達障害、解離などの臨床例を検証、生命性を回復するための叡智を探りだす。

筑摩選書 0055

# 「加藤周一」という生き方

鷲巣力

鋭い美意識と明晰さを備えた加藤さんは、自らの仕事と人生をどのように措定していったのだろうか。没後に遺された資料も用いて、その「詩と真実」を浮き彫りにする。

筑摩選書 0056

# 哲学で何をするのか　文化と私の「現実」から

貫成人

哲学は、現実をとらえるための最高の道具である。私たちが一見自明に思っている「文化」のあり方、「私」の存在を徹底して問い直す。新しいタイプの哲学入門。

筑摩選書 0065
プライドの社会学
自己をデザインする夢
奥井智之
我々が抱く「プライド」とは、すぐれて社会的な事象なのではないか。「理想の自己」をデザインするとは何を意味するのか。10の主題を通して迫る。

筑摩選書 0068
「魂」の思想史
近代の異端者とともに
酒井 健
合理主義や功利主義に彩られた近代。時代の趨勢に反し、魂の声に魅き込まれた人々がいる。彼らの思索の跡は我々に何を語るのか。生の息吹に溢れる異色の思想史。

筑摩選書 0070
社会心理学講義
〈閉ざされた社会〉と〈開かれた社会〉
小坂井敏晶
社会心理学とはどのような学問なのか。本書では、社会を支える「同一性と変化」の原理を軸にこの学の発想と意義を伝える。人間理解への示唆に満ちた渾身の講義。

筑摩選書 0071
一神教の起源
旧約聖書の「神」はどこから来たのか
山我哲雄
ヤハウェのみを神とし、他の神を否定する唯一神観。この観念が、古代イスラエルにおいていかにして生じたのかを、信仰上の「革命」として鮮やかに描き出す。

筑摩選書 0072
愛国・革命・民主
日本史から世界を考える
三谷 博
近代世界に類を見ない大革命、明治維新はどうして可能だったのか。その歴史的経験から、時空を超える普遍的英知を探り、それを補助線に世界の「いま」を理解する。

筑摩選書 0082
江戸の朱子学
土田健次郎
江戸時代において朱子学が果たした機能とは何だったのか。この学の骨格から近代化の問題まで、思想界に与えたインパクトを再検討し、従来的イメージを刷新する。

筑摩選書 0098

# 日本の思想とは何か

現存の倫理学

佐藤正英

日本に伝承されてきた言葉に根差した理知により、今・ここに現存している己れのよりよい究極の生のための地平を拓く。該博な知に裏打ちされた、著者渾身の論考。

筑摩選書 0104

# 映画とは何か

フランス映画思想史

三浦哲哉

映画を見て感動するわれわれのまなざしとは何なのか。本書はフランス映画における〈自動性の美学〉にその答えを求める。映画の力を再発見させる画期的思想史。

筑摩選書 0106

# 現象学という思考

〈自明なもの〉の知へ

田口茂

日常における〈自明なもの〉を精査し、我々の経験の構造を浮き彫りにする営為――現象学。その尽きせぬ魅力と射程を粘り強い思考とともに伝える新しい入門書。

筑摩選書 0111

# 柄谷行人論

〈他者〉のゆくえ

小林敏明

犀利な文芸批評から始まり、やがて共同体間の「交換」を問うに至った思想家・柄谷行人。その中心にあるものは何か。今はじめて思想の全貌が解き明かされる。

筑摩選書 0113

# 極限の事態と人間の生の意味

岩田靖夫

東日本大震災の過酷な体験を元に、ヨブ記やカント、ハイデガーやレヴィナスの思想を再考し、「認識のかなた」としての「人間の生」を問い直した遺稿集。

筑摩選書 0117

# 戦後思想の「巨人」たち

「未来の他者」はどこにいるか

高澤秀次

「戦争と革命」という二〇世紀的な主題は「テロリズムとグローバリズムへの対抗運動」として再帰しつつある。「未来の他者」をキーワードに継続と変化を再考する。